LÍNGUA PORTUGUESA

CÉLIA PASSOS

Cursou Pedagogia na Faculdade de Ciências Humanas de Olinda, PE, com licenciaturas em Educação Especial e Orientação Educacional. Professora do Ensino Fundamental e Médio (Magistério), coordenadora escolar e autora de materiais didáticos.

ZENEIDE SILVA

Cursou Pedagogia na Universidade Católica de Pernambuco, com licenciatura em Supervisão Escolar. Pós-graduada em Literatura Infantil. Mestra em Formação de Educador pela Universidade Isla, Vila de Nova Gaia, Portugal. Formação em *coaching*. Professora do Ensino Fundamental, supervisora escolar e autora de materiais didáticos e paradidáticos.

5ª edição
São Paulo
2022

Coleção Eu Gosto Mais
Língua Portuguesa 3º ano
© IBEP, 2022

Diretor superintendente	Jorge Yunes
Diretora adjunta editorial	Célia de Assis
Coordenadora editorial	Viviane Mendes
Editor	RAF Editoria e Serviços
Assistente editorial	Isabelle Ferreira, Isis Lira
Revisores	RAF Editoria e Serviços
Secretaria editorial e processos	Elza Mizue Hata Fujihara
Assistentes de iconografia	RAF Editoria e Serviços
Ilustração	Camila Scavazza, Carlos Jorge Nunes, Conexão Editorial, Fabiana Salomão, Imaginario Studio, João Anselmo e Izomar, José Luís Juhas, Lie Kobayashi, Luiz Maia, MW Ed. Ilustrações, Osvaldo Sequetin, Vanessa Alexandre
Assistente de produção gráfica	Marcelo Ribeiro
Projeto gráfico e capa	Aline Benitez
Diagramação	Nany Produções Gráficas

Dados Internacionais de Catalogação na Publicação (CIP) de acordo com ISBD

P289e   Passos, Célia

        Eu gosto mais Língua Portuguesa / Célia Passos, Zeneide Silva. - 5. ed. - São Paulo : IBEP - Instituto Brasileiro de Edições Pedagógicas, 2022.
        288 p. : il. ; 20,5 cm x 27,5 cm. – (v.3)

        Inclui bibliografia, índice e anexo.
        ISBN: 978-65-5696-122-4 (aluno)
        ISBN: 978-65-5696-123-1 (professor)

        1. Ensino Fundamental Anos Iniciais. 2. Livro didático. 3. Língua Portuguesa. I. Silva, Zeneide. II. Título.

2022-2777   CDD 372.07
                                                                                           CDU 372.4

Elaborado por Vagner Rodolfo da Silva - CRB-8/9410

     Índice para catálogo sistemático:
     1. Educação - Ensino fundamental: Livro didático 372.07
     2. Educação - Ensino fundamental: Livro didático 372.4

5ª edição – São Paulo – 2022
Todos os direitos reservados

Rua Gomes de Carvalho, 1306, 12º andar, Vila Olímpia
São Paulo – SP – 04547-005 – Brasil – Tel.: (11) 2799-7799
www.ibep-nacional.com.br   editoras@ibep-nacional.com.br

Gráfica Trust - Fevereiro de 2024

APRESENTAÇÃO

Querido aluno, querida aluna,

Ao elaborar esta coleção, pensamos muito em vocês.

Queremos que esta obra possa acompanhá-los em seu processo de aprendizagem pelo conteúdo atualizado e estimulante que apresenta e pelas propostas de atividades interessantes e bem ilustradas.

Nosso objetivo é que as lições e as atividades possam fazer vocês ampliarem seus conhecimentos e suas habilidades nessa fase de desenvolvimento da vida escolar.

Por meio do conhecimento, podemos contribuir para a construção de uma sociedade mais justa e fraterna: esse é também nosso objetivo ao elaborar esta coleção.

Um grande abraço,

As autoras

SUMÁRIO

LIÇÃO

1 Segredo
- **Vamos começar!** – "Segredo" (poema) 8
- **Estudo do texto** 9
- **Estudo da língua** – Ordem alfabética 10
  Ortografia – Palavras com **m** antes de **p** e **b** 16
- **Um texto puxa outro** – "Menino irritado" (poema) 18
- **Produção de texto** – Poema 20
- **Leia mais** 23

2 O céu está caindo
- **Vamos começar!** – "O céu está caindo" (conto de repetição) 24
- **Estudo do texto** 26
- **Estudo da língua** – Classificação das palavras quanto ao número de sílabas 31
  Ortografia – Palavras com **h** inicial 34
- **Um texto puxa outro** – "Árvore da montanha", "A velha a fiar" (cantigas de repetição) 36
- **Produção de texto** – Conto de repetição 38
- **Ampliando o vocabulário** 42
- **Leia mais** 43

3 O raio x da tartaruga
- **Vamos começar!** – "O raio x da tartaruga" (infográfico) 44
- **Estudo do texto** 45
- **Estudo da língua**
  Acento agudo e acento circunflexo 47
  Acentuação dos monossílabos tônicos 51
  Ortografia – Palavras com **til**, **m** e **n** 53
- **Um texto puxa outro** – Adivinha 56
- **Produção de texto** – Texto informativo 57
- **Ampliando o vocabulário** 58
- **Leia mais** 59

4 Reduza, reutilize e recicle!
- **Vamos começar!** – "Reduza, reutilize, recicle!" (texto informativo) 60
- **Estudo do texto** 61
- **Estudo da língua** – Sílaba tônica 64
  Ortografia – Letras **r** e **rr** 66
- **Um texto puxa outro** – Campanha da WWF 68
- **Eu gosto de aprender mais** 70
- **Produção de texto** – Propaganda 72
- **Ampliando o vocabulário** 74
- **Leia mais** 75
- **Organizando conhecimentos** 76

LIÇÃO

5 Descobrindo histórias e autores
- **Vamos começar!** – "Os 30 melhores livros infantis de 2021" (postagem de *blog*) 80
- **Estudo do texto** 83
- **Um texto puxa outro** – Tirinha 84
- **Estudo da língua** – Classificação das palavras quanto à posição da sílaba tônica 85
  Ortografia – **O** e **U** em final de palavra 87
- **Produção de texto** – *Blog* 89
- **Ampliando o vocabulário** 90
- **Leia mais** 91

6 O leão e o ratinho
- **Vamos começar!** – "O leão e o ratinho" (fábula) 92
- **Estudo do texto** 94
- **Estudo da língua** – Acentuação das palavras oxítonas 97
  Ortografia – Palavras com **s** e **ss** 100
- **Um texto puxa outro** – Ilustração (aquarela) 102
- **Produção de texto** – Fábula 104
- **Ampliando o vocabulário** 106
- **Leia mais** 107

7 Vida de piolho
- **Vamos começar!** – "Vida de piolho" (conto) 108
- **Estudo do texto** 110
- **Estudo da língua**
  Sinais de pontuação 112
  Tipos de frase 112
  Ortografia – Palavras com **l** e **lh** 115
- **Um texto puxa outro** – Mitos e verdades sobre o piolho (texto publicitário) 116
- **Produção de texto** – Narrativa ficcional 118
- **Ampliando o vocabulário** 120
- **Leia mais** 121

8 O colecionador
- **Vamos começar!** – "O colecionador" (história em quadrinhos) 122
- **Estudo do texto** 123
- **Estudo da língua**
  Substantivos 127
  Substantivos comuns e substantivos próprios 127
  Ortografia – Uso de **lh**, **nh**, **ch** 130
- **Um texto puxa outro** – "Para cada ocasião, um sapato..." (notícia) 132
- **Produção de texto** – Tirinha 134
- **Ampliando o vocabulário** 136
- **Leia mais** 137
- **Organizando conhecimentos** 138

LIÇÃO

9 Quem lê? Júlia Martins
- **Vamos começar!** – Entrevista com Júlia Martins 142
- **Estudo do texto** 143
- **Estudo da língua** – Gênero do substantivo 146
  Ortografia – Palavras com **c** e **qu** 148
- **Um texto puxa outro** – "A carta de Moussa" (sinopse de livro).... 150
- **Produção de texto** – Sinopse de livro 152
- **Ampliando o vocabulário** 154
- **Leia mais** 155

10 A lenda da vitória-régia
- **Vamos começar!** – "A vitória-régia" (lenda) 156
- **Estudo do texto** 158
- **Estudo da língua** – Número do substantivo 160
  Ortografia – Palavras com **g** e **gu** 163
- **Um texto puxa outro** – "Lendas gaúchas"
  (história em quadrinhos) 165
- **Produção de texto** – Relato de observação de pesquisa 168
- **Ampliando o vocabulário** 170
- **Leia mais** 171

11 Carta da Galinha Ruiva
- **Vamos começar!** – Carta da Galinha Ruiva (carta ficcional) 172
- **Estudo do texto** 173
- **Estudo da língua**
  Pronomes pessoais 175
  Pronomes possessivos 177
  Pronomes demonstrativos 178
  Ortografia – Palavras com **s** em final de sílaba 180
- **Um texto puxa outro** – *E-mail* 181
- **Produção de texto** – Carta 183
- **Ampliando o vocabulário** 184
- **Leia mais** 185

12 Correr, jogar, pular e brincar
- **Vamos começar!** – Propaganda do Ministério da Saúde 186
- **Estudo do texto** 187
- **Eu gosto de aprender mais** 190
- **Estudo da língua**
  Verbo 191
  Tempos verbais 194
  Ortografia – Palavras com **c** e **ç** 197
- **Um texto puxa outro** – "Música que faz bem para a saúde"
  (reportagem) 199
- **Produção de texto** – Texto de campanha educativa 201
- **Ampliando o vocabulário** 202
- **Leia mais** 203
- **Organizando conhecimentos** 204

LIÇÃO

13 Parque Nacional de Itatiaia
- **Vamos começar!** – "Parque Nacional de Itatiaia" (reportagem)... 208
- **Estudo do texto** 210
- **Estudo da língua** – Verbo: pessoa e número 212
  Ortografia – Palavras com **g** e **j** 215
- **Um texto puxa outro** – Tirinha da Magali 217
- **Produção de texto** – Reportagem....................................... 219
- **Ampliando o vocabulário** 221
- **Leia mais** 221

14 Eva Furnari
- **Vamos começar!** – "Eva Furnari" (biografia) 222
- **Estudo do texto** 223
- **Um texto puxa outro** – "Autora e obra" (autobiografia) 225
- **Estudo da língua** – Adjetivos 227
  Ortografia – **E** e **I** em final de palavra 230
- **Eu gosto de aprender mais** 232
- **Produção de texto** – Biografia 234
- **Ampliando o vocabulário** 235
- **Leia mais** 235

15 Bonecas que celebram a diversidade
- **Vamos começar!** – "Artista cria bonecas com vitiligo e celebra diversidade" (reportagem) 236
- **Estudo do texto** 237
- **Um texto puxa outro** – "Cinderelo" (peça teatral) 240
- **Estudo da língua** – Formação de palavras 244
  Ortografia – Palavras com **l** e **u** em final de sílaba 246
- **Produção de texto** – Jornal radiofônico............................. 248
- **Ampliando o vocabulário** 249
- **Leia mais** 249

16 Branca de Neve
- **Vamos começar!** – "Branca de Neve" (conto tradicional).... 250
- **Estudo do texto** 252
- **Estudo da língua** – Pontuação e discurso direto 257
  Ortografia – **X** com som de **CH** 259
- **Um texto puxa outro** – Magali (história em quadrinhos) ... 260
- **Produção de texto** – Conto tradicional 262
- **Ampliando o vocabulário** 265
- **Leia mais** 265
- **Organizando conhecimentos** 266

REFERÊNCIAS 270
ALMANAQUE 273
ADESIVOS 289

SEGREDO

VAMOS COMEÇAR!

Leia o título do poema. Você acha que o segredo será revelado? Faça uma leitura em voz alta com os colegas para descobrir.

Segredo

Andorinha no fio
escutou um segredo.
Foi à torre da igreja,
cochichou com o sino.

E o sino bem alto:
delém-dem
delém-dem
delém-dem
dem-dem!

Toda a cidade
ficou sabendo.

Henriqueta Lisboa. *Poesia fora da estante*. Compilação de Vera Teixeira de Aguiar. Porto Alegre: Projeto, 2013. p. 54.

ESTUDO DO TEXTO

1 Observe o poema "Segredo" e responda às perguntas.

a) Há quantas estrofes? _____

b) Há quantos versos em cada estrofe?

_____

2 Releia as duas primeiras estrofes do poema "Segredo" e responda.

a) Na primeira estrofe, que palavra tem o mesmo sentido de **sussurrou**?

_____

b) Na segunda estrofe, quais palavras transmitem a ideia de barulho?

_____

_____

c) Que verso indica que o sino está parando de tocar?

_____

3 Além de "brincar com palavras", a poetisa também brincou conosco, leitores e/ou ouvintes.

a) Quem conheceu o segredo do poema "Segredo"?

_____

b) Quem continua curioso para saber qual é o segredo?

_____

c) Por que, mesmo lendo ou ouvindo o poema, não desvendamos o segredo? Converse com os colegas.

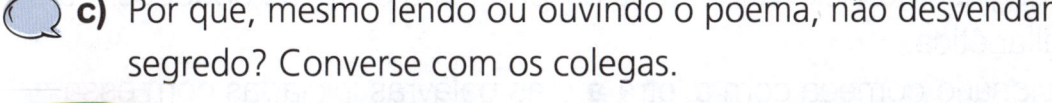

Estrofe é um conjunto de versos. Verso é cada linha do poema. Rima é a semelhança de sons finais entre as palavras do poema.

9

Ordem alfabética

Você já conhece o alfabeto e sabe que ele é utilizado para escrever todas as palavras da língua portuguesa. Leia-o em voz alta.

A B C D E F G H I J K L M N
O P Q R S T U V W X Y Z

Relembre quais são as **vogais**.

A E I O U

Agora reveja as **consoantes**.

B C D F G H J L M
N P Q R S T V X Z

As letras **K**, **W** e **Y** são empregadas em nomes de pessoas e de lugares, em palavras de origem estrangeira e em abreviaturas e siglas.

A maneira como as letras estão dispostas é chamada **ordem alfabética**. Por meio dessa disposição, podemos organizar as palavras em situações diversas.

Nas páginas de dicionário, todas as letras das palavras obedecem à ordem alfabética.

O dicionário começa com a letra **a** e as palavras iniciadas com essa letra também são organizadas pela sequência de letras do alfabeto. Por exemplo, **aluno**, que começa com a letra **a** seguida pela **l**, vem antes de **amanhã**, que também se inicia com **a**, mas tem na sequência a letra **m**.

Observe a página de dicionário a seguir. Com que letra começam as palavras escritas nesta página do dicionário?

ALIMENTO

ALIMENTO (A-LI-**MEN**-TO)
TUDO AQUILO QUE OS SERES VIVOS COMEM E BEBEM PARA PODER VIVER E CRESCER.
◆ AS CRIANÇAS PRECISAM COMER **ALIMENTOS** VARIADOS.

ALMOÇO (AL-**MO**-ÇO)
SEGUNDA REFEIÇÃO DO DIA, FEITA ENTRE O CAFÉ DA MANHÃ E O JANTAR, POR VOLTA DO MEIO-DIA.
◆ MAMÃE COMEU PEIXE NO **ALMOÇO**.

ALMOFADA (AL-MO-**FA**-DA)
SACO RECHEADO DE ESPUMA QUE SERVE PARA ENCOSTO, ASSENTO OU ENFEITE.

◆ VIVIAN ENFEITOU A CAMA COM DUAS **ALMOFADAS**.

ALTO (**AL**-TO)
1. QUE TEM MUITA ALTURA.
◆ EU MORO EM UM EDIFÍCIO **ALTO**.
2. QUE ESTÁ EM PONTO OU LOCAL ELEVADO.
◆ A PIPA VOA **ALTO**.
3. COM VOZ OU SOM FORTE.
◆ A CORNETA TOCAVA **ALTO**.

ALUGAR (A-LU-**GAR**)
DEIXAR USAR ALGUMA COISA OU LUGAR, EM TROCA DE PAGAMENTO.
◆ MEU TIO **ALUGA** A CASA ONDE MORA.

ALUNO (A-**LU**-NO)
ESTUDANTE, AQUELE QUE RECEBE AULAS NA ESCOLA OU EM CASA.
◆ OS **ALUNOS** GOSTAM DE MATEMÁTICA.

AMANHÃ (A-MA-**NHÃ**)
O DIA QUE VEM DEPOIS DE HOJE.
◆ **AMANHÃ** NÃO HAVERÁ AULA PORQUE É FERIADO.

AMAR (A-**MAR**)
SENTIR AMOR, GOSTAR MUITO DE ALGUMA COISA OU DE ALGUÉM.
◆ FERNANDO **AMA** SEUS FILHOS.

AMARGO (A-**MAR**-GO)
QUE TEM GOSTO RUIM E SABOR NADA DOCE.
◆ O JILÓ É **AMARGO**, MAS EU GOSTO.

AMEIXA (A-**MEI**-XA)
FRUTO DA AMEIXEIRA, DOCE E SUCULENTO. PODE SER AMARELO, VERMELHO OU ROXO-ESCURO.
◆ MARCELO COMEU PUDIM COM **AMEIXAS**.

16

Dicionário escolar de alfabetização: língua portuguesa. São Paulo: IBEP, 2011.

Consulte o dicionário quando ficar em dúvida sobre a escrita de palavras.

11

Em uma agenda de telefones, impressa ou eletrônica, também costuma-se utilizar a ordem alfabética. Assim, é possível localizar os nomes com mais rapidez.

No dicionário, é usada a letra de imprensa. Na agenda pessoal, normalmente usa-se a letra cursiva.

Ao escrever com a letra cursiva, é importante fazer um traçado legível. Observe a seguir o traçado das letras cursivas maiúsculas.

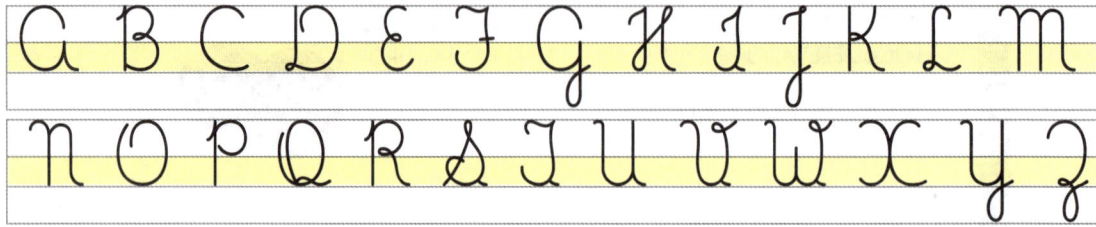

Agora, veja o traçado das letras cursivas minúsculas.

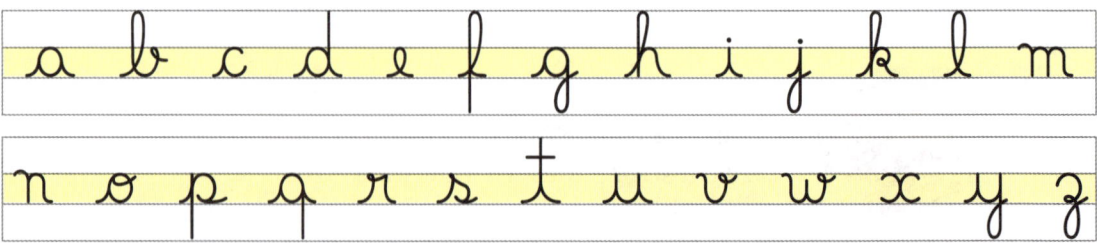

ATIVIDADES

1 Responda às questões.

a) Há quantas letras no alfabeto da língua portuguesa? ☐ letras

b) Escreva palavras iniciadas com a mesma letra do seu nome.

Objeto	Animal	Fruta

2 Escreva o nome das figuras em letra cursiva. Depois, numere-as em ordem alfabética.

bebê

3 Escreva o nome das figuras na coluna adequada, em ordem alfabética.

Palavras iniciadas por vogal	Palavras iniciadas por consoante

4 Vamos treinar a escrita das letras cursivas? Escreva o alfabeto com letras maiúsculas e minúsculas.

Maiúsculas

Minúsculas

ORTOGRAFIA

Palavras com m antes de p e b

Leia estas duas quadrinhas e observe as palavras destacadas.

O cravo, quando nasce,
toma conta do jardim.
Eu **também** vivo querendo
quem tome conta de mim.

Conta pra mim: Quadrinhas. Brasília: MEC/Sealf, 2020. p. 3.
Disponível em: http://alfabetizacao.mec.gov.br/images/conta-pramim/
livros/versao_digital/quadrinhas_versao_digital.pdf.
Acesso em: 29 ago. 2022.

Companheiro, me ajude,
que eu não posso cantar só.
Eu sozinho canto bem,
com você canto melhor.

Conta pra mim: Quadrinhas. Brasília: MEC/Sealf, 2020. p. 6.
Disponível em: http://alfabetizacao.mec.gov.br/images/conta-pramim/
livros/versao_digital/quadrinhas_versao_digital.pdf.
Acesso em: 29 ago. 2022.

ATIVIDADES

1 Leia as palavras destacadas nas quadrinhas e copie-as, separando-as em duas colunas.

M antes de B	M antes de P

2 Leia as palavras a seguir.

te**mp**o   sa**mb**a   moderniza**nd**o
instrume**nt**o   exe**mp**lo   ta**mb**or

a) Que letra vem imediatamente antes das letras **p** e **b** nessas palavras?

_____

b) A letra **m** é usada antes de alguma outra consoante? Por quê?

_____

3 Ordene as sílabas e forme palavras.

po-tem _____   bo-tom _____

po-lim _____   ba-trom _____

lê-bam-bo _____   bi-um-go _____

pre-em-go _____   pa-da-em _____

4 Complete as palavras com **m** ou **n** e copie-as.

ba__da _____   a__tigo _____

deze__bro _____   tro__bone _____

le__brar _____   pe__te _____

e__presa _____   ca__painha _____

5 Complete a parlenda com as letras **m** ou **n**.

O te__po pergu__tou pro te__po

Qua__to te__po o te__po tem

O te__po respo__deu pro te__po

Que o te__po tem qua__to te__po o te__po tem.

Domínio público.

Antes de **p** e **b** no meio das palavras, usa-se a letra **m**.

17

UM TEXTO PUXA OUTRO

No poema "Segredo", há versos em que as palavras imitam sons, como delém-dem. Leia este outro poema.

Menino irritado

ding dong ding dong ding dong
dum **dum** dum
ding dong ding dong ding **d**ong
dum dum **dum**

cronch **CRACH** crich **CRUNCH**
vvvrrrrruuuuunnnnnnnn!
vvvrrrrruuuuunnnnnnnn!
crinch **CRANCH** croch **CRUNCH**

tsst, tssst, tssst, tsst zoooommp
rec rec pim piec
rec rec pim piec
tsst, tsst, tsst, tst, tstzuuuummp
[...]
ding dong ding dong ding dong
bbzbzbzbzbzbzbzb
bzzzzbzzzzzz
b z z z z b z z z z z z
z z z z

Sérgio Capparelli. *111 poemas para crianças*. Porto Alegre: L&PM, 2007. p. 121.

 As palavras que imitam sons são chamadas **onomatopeias**.

18

1 Observe o título do poema e as onomatopeias.

a) O que o verso "ding dong ding dong ding dong" parece indicar na primeira e na última estrofe?

_____

_____

b) Podemos dizer que "dum dum dum", no segundo verso e no quarto verso, indica que o menino tem pressa? Por quê?

_____

_____

_____

c) Que onomatopeias podem indicar uma reclamação do menino?

_____

_____

_____

d) O que indicam as onomatopeias nos últimos versos do poema?

_____

_____

_____

2 Por que o título do poema é "Menino irritado"?

_____

_____

_____

PRODUÇÃO DE TEXTO

Você vai escrever um poema para fazer parte de um livro de poemas da turma.

Preparação

Para preparar-se, escreva palavras que rimem com:

a) beleza

b) mudo

c) diversões

d) flores

e) mar

Leia a seguir um poema de Elias José.

a) Complete os versos com uma palavra que rime com a palavra destacada.

20

Caixa mágica de surpresa

Um livro
é uma **beleza**,
é caixa mágica
só de _____.

Um livro
parece **mudo**,
Mas nele a gente
descobre _____.

Um livro
tem asas
longas e leves
que, de repente,
levam a gente
longe, longe

Um livro
é parque de **diversões**
cheio de sonhos coloridos,
cheio de doces sortidos,
cheio de luzes e _____.

Um livro é uma floresta
com folhas e **flores**
e bichos e _____.

É mesmo uma festa,
um baú de feiticeiro,
um navio pirata do **mar**,
um foguete perdido no _____,
É amigo e companheiro.

Elias José. *Caixa mágica de surpresa*. 20. ed. São Paulo: Paulus, 2017.

b) O professor vai ler o poema na forma como foi escrito pelo poeta. Aproveite para comparar as palavras que ele usou com as que você escolheu para completar os versos.

Converse com o professor e os colegas.

- Para mostrar o que acha dos livros, o poeta faz várias comparações. A que ele compara um livro?
- O poema diz que um livro é uma caixa mágica de surpresa. Você concorda? Por quê?

Escrita

Em "Caixa mágica de surpresa", o poeta Elias José mostrou o que pensa dos livros e o que sente quando abre e lê um livro. Faça algo parecido: escolha um dos temas a seguir e escreva um poema, mostrando que sentimentos ele desperta em você.

Sugestões de tema:
- Meu animal de estimação
- Minha família
- A escola
- Meus amigos
- Brincadeiras
- Meus sonhos

Siga estas orientações:

a) Escreva pelo menos seis versos. Você pode ou não dividir os versos em estrofes.

b) Faça rimas.

c) Faça comparações para que seus leitores possam entender como você se sente.

Lembre-se: poemas são um retrato do que o poeta sente, mas são também uma brincadeira que se faz com as palavras. Nos poemas, não há certo ou errado. Então, use a imaginação e fique à vontade para criar o poema do seu jeito.

No final, dê um título ao poema que combine com o que você diz nele.

Revisão

Releia seu poema.

Reescreva o que for necessário e entregue o texto ao professor. Depois, com a orientação dele, participe da montagem de um livro de poemas da turma.

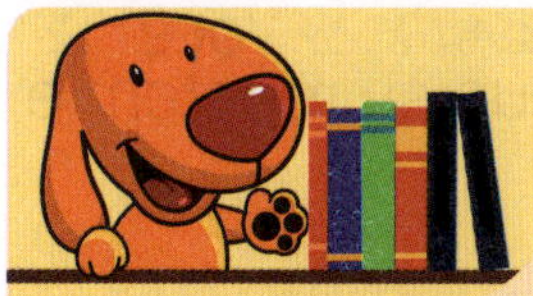

LEIA MAIS

L&PM EDITORES

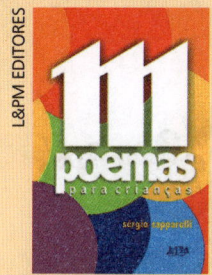

111 poemas para crianças

Sérgio Capparelli. Porto Alegre: L&PM, 2007.

Neste livro, como informa o título, há 111 poemas que abordam os mais diversos assuntos do universo infantil.

Caixa mágica de surpresa

Elias José. São Paulo: Paulus, 2017.

Neste livro, há poemas de animais, pessoas e situações, com muito som, ritmo e rima.

EDITORA PAULUS

COMPANHIA EDITORA NACIONAL

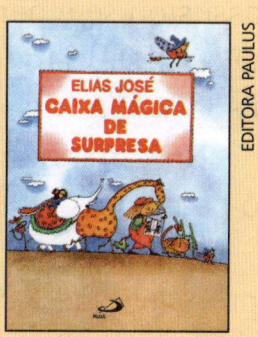

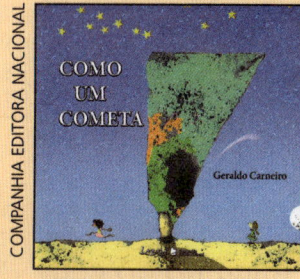

Como um cometa

Geraldo Carneiro. São Paulo: Companhia Editora Nacional, 2009.

Como pequenos cometas que brilham no céu, os poemas deste livro enchem os olhos e a imaginação, fazendo pensar em forma de brincadeira. É só viajar na leitura e pegar carona na cauda dos poemas-cometas!

O CÉU ESTÁ CAINDO

VAMOS COMEÇAR!

Leia o conto a seguir, prestando atenção aos trechos que se repetem e ao que é acrescentado.

O céu está caindo

Era uma vez uma galinha que andava ciscando embaixo de uma jabuticabeira, quando uma jabuticabinha seca caiu bem em cima da sua cabeça. A galinha assustou-se e pensou: "Meu Deus! O céu está caindo". E saiu correndo, espavorida.

No caminho, encontrou-se com o pato e pôs-se a cacarejar:
– Corra, pato, vamos nos proteger, que o céu está caindo!
– Quem lhe disse isso?
– Um pedacinho do céu caiu bem no meu cocuruto.
O pato, amedrontado, seguiu a galinha.
Logo à frente, estava o pintinho.
– Venha conosco, pintinho – grasnou o pato –, pois o céu está caindo!
– Quem lhe disse isso?
– Quem me disse foi a galinha, que sentiu um pedacinho do céu cair bem no seu cocuruto.
O pintinho achou melhor ir com eles.
Correram mais um pouco e esbarraram no peru.

24

– Vamos fugir, peru, que o céu está caindo! – piou o pintinho.

– Quem lhe disse isso?

– Quem me disse foi o pato, que ouviu da galinha, que sentiu um pedacinho do céu cair bem no seu cocuruto.

O peru, alarmado, foi logo se juntando à turma.

Iam naquele alarido, cacarejando, grasnando, piando e grugulejando, quando encontraram a raposa.

– Esperem! Aonde vão com tanta pressa?

– Estamos procurando um abrigo, pois o céu está caindo! – foi a vez do peru grugulejar.

– Quem lhe disse isso?

– Quem me disse foi o pintinho, que ouviu do pato, que ouviu da galinha, que sentiu um pedacinho do céu cair bem no seu cocuruto.

– Um pedacinho do céu? – regougou a esperta raposa. Isso é mesmo perigoso! Mas eu sei de um lugar onde poderemos ficar todos protegidos. Venham comigo, sigam-me!

E as tolas aves seguiram a raposa para a sua toca. O céu não caiu; quem caiu foi a raposa, em cima delas, devorando-as uma por uma.

Rosane Pamplona. *Era uma vez... três! Histórias de enrolar*.
São Paulo: Moderna, 2013. p. 24-27.

As palavras destacadas em azul também estão na seção **Ampliando o vocabulário**.

ESTUDO DO TEXTO

O texto que você leu é um **conto de repetição**. São histórias populares que apresentam, em sua composição, trechos que se repetem com o acréscimo de palavras, frases ou uma nova sequência.

1 Quais personagens participam do conto?

_____

_____

2 Releia este trecho.

> A galinha assustou-se e **pensou**: "Meu Deus! O céu está caindo". E saiu correndo, espavorida.

Pensar é uma ação comum às galinhas? Justifique sua resposta.

_____

_____

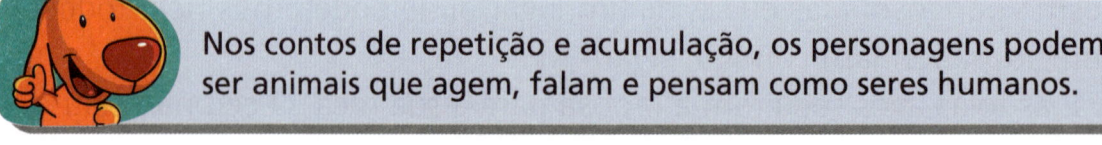

Nos contos de repetição e acumulação, os personagens podem ser animais que agem, falam e pensam como seres humanos.

3 Localize no conto características de outros animais que participam como personagens. Escreva-as abaixo.

_____

_____

4 Quem narra o conto "O céu está caindo"? Assinale.

☐ Alguém que não faz parte da história, mas observa tudo o que acontece.

☐ Uma personagem da história: a galinha.

☐ Uma personagem da história: a raposa.

5 Releia o trecho a seguir, observando a expressão sublinhada.

> Era uma vez uma galinha que andava ciscando embaixo de uma jabuticabeira, quando uma jabuticabinha seca caiu bem em cima da sua cabeça.

Marque um **X** na alternativa correta.

☐ A expressão **Era uma vez** indica o tempo exato em que a história acontece.

☐ A expressão **Era uma vez** indica que não se sabe exatamente em que tempo a história acontece.

6 Por que a galinha imaginou que o céu estava caindo?

_____
_____
_____
_____

7 Como a raposa reagiu à fala do peru?

_____
_____
_____

8 Os trechos transcritos a seguir são falas de personagens do conto.

   a) Sublinhe de vermelho as partes que sempre se repetem.

   b) Contorne de verde as palavras ou sequências que foram se acumulando.

> – Quem me disse foi a galinha, que sentiu um pedacinho do céu cair bem no seu cocuruto.
>
> – Quem me disse foi o pato, que ouviu da galinha, que sentiu um pedacinho do céu cair bem no seu cocuruto.
>
> – Quem me disse foi o pintinho, que ouviu do pato, que ouviu da galinha, que sentiu um pedacinho do céu cair bem no seu cocuruto.

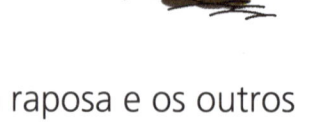

9 Qual(is) diferença(s) você pode notar entre a raposa e os outros personagens do conto?

_____

_____

10 Como a história termina?

_____

_____

28

11 Releia este trecho do conto.

> E as tolas aves seguiram a raposa para a sua toca. O céu não caiu; quem caiu foi a raposa, em cima delas, devorando-**as** uma por uma.

Observe a palavra destacada. A quem ela se refere?

_____

12 Releia este trecho do conto.

> A galinha assustou-se e pensou: "Meu Deus! O céu está caindo".
> E saiu correndo, espavorida.
> No caminho, encontrou-se com o pato e pôs-se a cacarejar:
> – Corra, pato, vamos nos proteger, que o céu está caindo!
> – Quem lhe disse isso?

Contorne os sinais que foram utilizados nesse trecho para indicar o pensamento da galinha e as falas do pato e da galinha.

> Os pensamentos dos personagens são, geralmente, indicados por **aspas** (" ").
> As falas dos personagens podem ser indicadas por **travessão** (—) ou **aspas** (" ").

13 Complete a tabela com o nome do personagem que fala.

trecho 1	personagem
Iam naquele alarido, cacarejando, grasnando, piando e grugulejando, quando encontraram a raposa. – Esperem! Aonde vão com tanta pressa?	
trecho 2	**personagem**
– Estamos procurando um abrigo, pois o céu está caindo! – foi a vez do peru grugulejar.	
trecho 3	**personagem**
– Quem lhe disse isso?	

a) Contorne, nos trechos 1 e 2, as palavras que indicam qual personagem está falando.

b) Como nós, leitores, conseguimos saber de quem é a fala no trecho 3?

14 Ligue a figura de cada animal à palavra que indica o som que ele emite.

regougar

cacarejar

grugulejar

piar

grasnar

As palavras **cacarejar**, **piar**, **regougar**, **grugulejar** e **grasnar** têm origem nos sons emitidos pelos animais.

ESTUDO DA LÍNGUA

Classificação das palavras quanto ao número de sílabas

Leia pausadamente a palavra **galinha**.
Observe que ela tem três partes: **ga - li - nha**.
Cada uma dessas partes recebe o nome de **sílaba**.

> **Sílaba** é um som ou grupo de sons que se pronuncia de uma só vez. Toda sílaba tem ao menos uma vogal. As palavras são formadas por uma, duas, três, quatro ou mais sílabas.

As palavras formadas por uma só sílaba são chamadas **monossílabas**. Exemplos: céu, bem.

As palavras formadas por **duas sílabas** são chamadas **dissílabas**. Exemplos: pa-to, pe-ru.

As palavras formadas por **três sílabas** são chamadas **trissílabas**. Exemplos: pin-ti-nho, ra-po-sa.

As palavras formadas por **quatro ou mais sílabas** são chamadas **polissílabas**. Exemplos: pe-da-ci-nho, ja-bu-ti-ca-bei-ra.

ATIVIDADES

1 Releia este trecho do conto "O céu está caindo", observando as palavras destacadas.

> Era uma vez uma galinha que andava ciscando embaixo de uma jabuticabeira, quando uma **jabuticabinha seca** caiu bem em cima da sua **cabeça**. A galinha assustou-se e pensou: "Meu Deus! O céu está caindo". E saiu correndo, **espavorida**.

a) Separe as sílabas das palavras destacadas no trecho.

_____   _____

_____   _____

31

b) Quantas sílabas cada uma dessas palavras tem? Complete a tabela.

Palavra	Quantidade de sílabas
jabuticabinha	
seca	
cabeça	
espavorida	

2 Procure, no conto "O céu está caindo", outras palavras com uma, duas, três, quatro ou mais sílabas. Depois, escreva-as na tabela abaixo, separando-as em sílabas.

Palavras com uma sílaba	Palavras com duas sílabas	Palavras com três sílabas	Palavras com quatro ou mais sílabas

3 Ordene as sílabas de acordo com a cor dos quadrinhos e forme palavras polissílabas.

go | lar | ri | to
ma | co | a | so
ru | do | pe | cu

32

4 Procure em jornais e revistas e copie nos quadros:

Palavras com uma sílaba	Palavras com duas sílabas

Palavras com três sílabas	Palavras com quatro ou mais sílabas

5 Classifique as palavras quanto ao número de sílabas, escrevendo-as na coluna correspondente.

folha	travessura	guitarra	louça
rei	gostosura	homem	vizinho
amizade	mãe	árvore	pão
presunto	lapiseira	bicho	lei
patinete	chuveiro	genro	pé

Monossílaba	Dissílaba	Trissílaba	Polissílaba

33

ORTOGRAFIA
Palavras com h inicial

Leia este trecho do livro *Voz dos Animais*, da série Poesias, escrito por Francisca Júlia e Júlio César da Silva.

> [...]
> — A rã, quando a noite baixa,
> Que faz ela a toda **hora**
> Dentre os limos em que mora?
> — Coaxa.
> [...]
>
> Conta pra mim: Voz dos animais. Brasília: MEC/Sealf, 2020. p. 6.
> Disponível em: http://alfabetizacao.mec.gov.br/images/conta-pra-mim/livros/versao_digital/quadrinhas_versao_digital.pdf.
> Acesso em: 29 ago. 2022.

Algumas palavras iniciam com a letra **h**, como **hora**, **histórias**, **hoje**, **hábito**, **humano**, **homem**, **harmonia**. Quando aparece no começo de uma palavra, o **h** não é pronunciado.

ATIVIDADES

1 Pronuncie estas palavras com **h** inicial.

| habitação | hélice | hífen | hortelã | humor |

- Em cada uma dessas palavras, qual letra aparece imediatamente após o **h**?

____

2 Agora, faça um teste! Tente pronunciar essas palavras sem o **h** inicial. Houve alguma diferença no som emitido?

____

34

3 Que outras palavras você conhece que são escritas com **h** inicial? Cite três. Se necessário, consulte revistas, jornais, livros ou *sites* na internet.

_____

_____

4 Acrescente a letra **h** onde for necessário. Depois, copie as palavras.

____arpa – _____   ____ontem – _____

____úmido – _____   ____orário – _____

____óspede – _____   ____único – _____

____aste – _____   ____onra – _____

5 Forme palavras com as sílabas.

1	2	3	4	5	6	7	8	9
har	hé	pi	ma	ta	ce	hor	hos	pa
10	11	12	13	14	15	16	17	18
bi	tal	to	hu	há	te	li	no	lã

1 + 9 _____   8 + 3 + 11 _____

13 + 4 + 17 _____   7 + 15 + 18 _____

14 + 10 + 12 _____   7 + 5 _____

2 + 16 + 6 _____   14 + 16 + 12 _____

6 Complete as regras do uso do **h** em início de palavra.

Logo após o **h** inicial em uma palavra, usam-se apenas _____.

Na pronúncia, esse **h** não tem _____.

7 É com **h** ou sem **h**? Pesquise e escreva no caderno três palavras que comecem com vogais e três palavras que comecem com a letra **h**.

Agora, junte-se a um colega: você vai ditar suas seis palavras para ele escrever. Depois, é a vez dele: escute com atenção e anote as palavras no seu caderno.

Vocês acertaram a escrita das palavras ditadas? Façam a correção.

UM TEXTO PUXA OUTRO

Você leu um conto de repetição. Agora, você vai ler parte de duas cantigas que também têm versos que se repetem, com o acréscimo de uma palavra a cada nova estrofe.

Árvore da montanha

A árvore da montanha
Ole-li aiô (bis)

Esta árvore tinha um galho.
Ó que galho, belo galho.
Ai, ai, ai que amor de galho.
O galho da árvore.
A árvore da montanha
Ole-li aiô (bis)

Este galho tinha um broto.
Ó que broto, belo broto.
Ai, ai, ai que amor de broto.
O broto do galho, o galho da árvore.
A árvore da montanha
Ole-li aiô (bis)
[...]

Domínio público.

A velha a fiar

Estava a velha em seu lugar
Veio a mosca lhe fazer mal
A mosca na velha e a velha a fiar

Estava a mosca em seu lugar
Veio a aranha lhe fazer mal
A aranha na mosca, a mosca na velha e a velha a fiar
[...]

Domínio público.

36

1 Na continuação da letra da cantiga "Árvore da montanha", os versos se repetem acrescentando as palavras **folha**, **ninho**, **ovo**, **ave**, **pluma**, **índio**, **arco** e **flecha**, que atinge a árvore e a cantiga recomeça.

   a) Escreva a próxima estrofe da cantiga "Árvore da montanha" usando a palavra **folha**.

   _____
   _____
   _____
   _____
   _____
   _____
   _____
   _____

   b) Cante a cantiga com os colegas.

2 Na continuação da letra da cantiga "A velha a fiar", os versos se repetem acrescentando as palavras: **rato**, **gato**, **cachorro**.

   a) Escreva a próxima estrofe da cantiga "A velha a fiar" usando a palavra **rato**.

   _____
   _____
   _____
   _____
   _____
   _____
   _____

   b) Cante a cantiga com os colegas.

37

PRODUÇÃO DE TEXTO

Você vai ler a seguir o começo e o final de um conto de repetição.

Reúna-se com um colega para criar um texto que possa completar a parte que falta, isto é, o meio do conto. Depois, apresentem o conto completo para a turma e comparem as diferentes versões.

Preparação

Leiam o início e o final do conto "A Galinha Ruiva". Observem os trechos que se repetem no conto.

Início do conto

A Galinha Ruiva

Um dia, a Galinha Ruiva estava ciscando no quintal e achou um grão de trigo. Ela correu para seus amigos e perguntou:

– Quem quer me ajudar a plantar este grão de trigo?

– Eu é que não – disse o patinho.

– Eu é que não – disse o gatinho.

– Eu é que não – disse o cachorrinho.

– Oh! Está bem – disse a Galinha Ruiva. – Eu vou plantar o trigo sozinha!

Dito e feito. A Galinha Ruiva plantou o trigo sozinha.

⬇

E os dias foram passando. O grão de trigo cresceu e virou um grande pé de trigo.

A Galinha Ruiva, então, perguntou para seus amigos:

– Quem quer me ajudar a colher todo este trigo?

– Eu é que não – disse o patinho.

– Eu é que não – disse o gatinho.

– Eu é que não – disse o cachorrinho.

– Oh! Está bem – disse a Galinha Ruiva. – Eu vou colher o trigo sozinha!

Dito e feito. A Galinha Ruiva colheu o trigo sozinha.

Depois de colher o trigo, a Galinha Ruiva perguntou:

– Quem quer me ajudar a debulhar todo este trigo?

– Eu é que não – disse o patinho.

– Eu é que não – disse o gatinho.

– Eu é que não – disse o cachorrinho.

– Oh! Está bem – disse a Galinha Ruiva. – Eu vou debulhar o trigo sozinha!

Dito e feito. A Galinha Ruiva debulhou o trigo sozinha!

Depois de debulhar o trigo, a Galinha Ruiva perguntou:

[...]

Meio do conto

_____
_____
_____
_____
_____
_____
_____
_____

39

Final do conto

[...]

A Galinha Ruiva chamou seus pintinhos e comeram todo o pão sozinhos.

E os três amigos aprenderam que é muito feio ser preguiçoso. Desse dia em diante, eles passaram a ajudar sempre os outros.

André K. Breitmann. *A Galinha Ruiva*: um conto popular inglês. São Paulo: Companhia Editora Nacional, 2004.

a) A quais animais a galinha faz seus pedidos?

_____

b) Como os animais respondem ao pedido da galinha?

_____

c) Por que eles dão essa resposta à galinha?

_____

_____

_____

d) Releia.

Dito e feito. A Galinha Ruiva plantou o trigo sozinha.

Qual é o sentido da expressão "dito e feito"?

_____

_____

_____

Como você pôde observar, falta o meio do conto. Nessa parte, a galinha faz outros pedidos aos animais.

Discutam sobre os pedidos que a galinha faria aos animais e como eles responderiam. Vejam a lista de pedidos:
- ir ao moinho para moer o trigo e fazer farinha;
- fazer o pão com a farinha de trigo;
- convidar para comer o pão.

Planejamento e escrita

Escrevam os diálogos da galinha com os diferentes animais.

Lembrem-se de que a galinha faz um pedido aos animais e cada um deles responde.

Releiam o texto e vejam as respostas anteriores que os animais deram. Será que eles vão dar essas mesmas respostas no final?

Revisão e reescrita

Troquem o texto de vocês com o de outra dupla.

Leiam o texto de seus colegas e verifiquem:
- O texto apresenta a sequência de pedidos da galinha e as respostas dos outros personagens?
- Há diálogos entre a galinha e os outros personagens?
- O que vocês poderiam sugerir à dupla de colegas como enriquecimento ao texto deles?

Recebam o texto de vocês e façam as alterações propostas, se houver.

Apresentação

O professor vai combinar um dia para a apresentação dos textos.

Na data combinada, leiam para a turma o texto que vocês produziram. Depois, vocês poderão confeccionar um livro com as diferentes versões, que poderá ser doado à biblioteca da escola.

AMPLIANDO O VOCABULÁRIO

Nesta seção, você vai encontrar algumas palavras extraídas da lição e conhecer os diferentes sentidos que elas podem apresentar.

alarmado
(a-lar-**ma**-do): assustado.
Exemplo: *O peru, alarmado, se juntou à turma.*

amedrontado
(a-me-dron-**ta**-do): assustado, com medo.
Exemplo: *O pato estava amedrontado.*

Peru.

cocuruto
(co-cu-**ru**-to): o alto da cabeça.
Exemplo: *A jabuticaba caiu no cocuruto da galinha.*

espavorida
(es-pa-vo-**ri**-da): amedrontada, apavorada.
Exemplo: *A galinha correu espavorida...*

fiar
(fi-**ar**): costurar, tecer.
Exemplo: *Passei a tarde a fiar.*

grugulejar
(gru-gu-le-**jar**): som emitido pelo peru.
Exemplo: *O peru grugulejava quando escontrou a raposa.*

regougou
(re-gou-**gou**): emitiu som característico (da raposa).
Exemplo: *– Um pedacinho do céu? – regougou a raposa.*

trigo
(tri-**go**): planta cujas sementes são utilizadas para fazer a farinha.
Exemplo: *Coloque mais farinha de trigo na torta.*

Trigo.

42

LEIA MAIS

Era uma vez... três! Histórias de enrolar

Rosane Pamplona. São Paulo: Moderna, 2013.

Neste livro, há uma seleção de contos acumulativos, também chamados lenga-lengas, histórias de nunca acabar e outros contos divertidos.

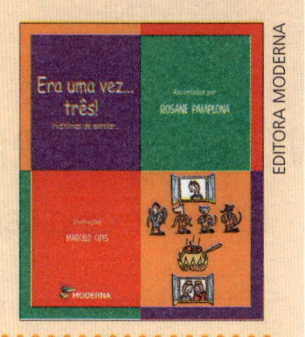

Giros: contos de encantar

Mila Behrendt. São Paulo: Cortez, 2011.

Neste livro, há vários contos acumulativos selecionados de vários países, que pertencem à tradição oral e foram adaptados pela autora.

A Galinha Ruiva: um conto popular inglês

André K. Breitmann. São Paulo: Companhia Editora Nacional, 2004.

Este livro faz parte de uma coleção que reúne contos populares de diversos países. O conto "A Galinha Ruiva" é de origem inglesa.

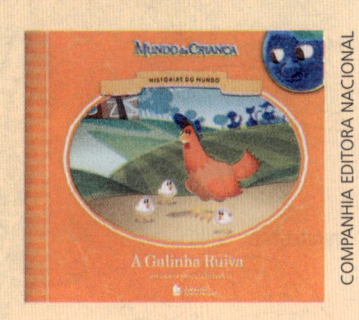

A casa sonolenta

Audrey Wood. Trad. Gisela Maria Padovan. São Paulo: Ática, 2016.

Neste livro, a cada página um novo personagem vai dormir no quarto da vovó. Personagens e sequências se acumulam até a chegada de uma pulga.

43

LIÇÃO 3

O RAIO X DA TARTARUGA

VAMOS COMEÇAR!

Leia o texto a seguir:

> A Tartaruga Cabeçuda é a que mais desova no Brasil, em uma área que se estende de Sergipe ao Rio de Janeiro, especialmente no litoral da Bahia.

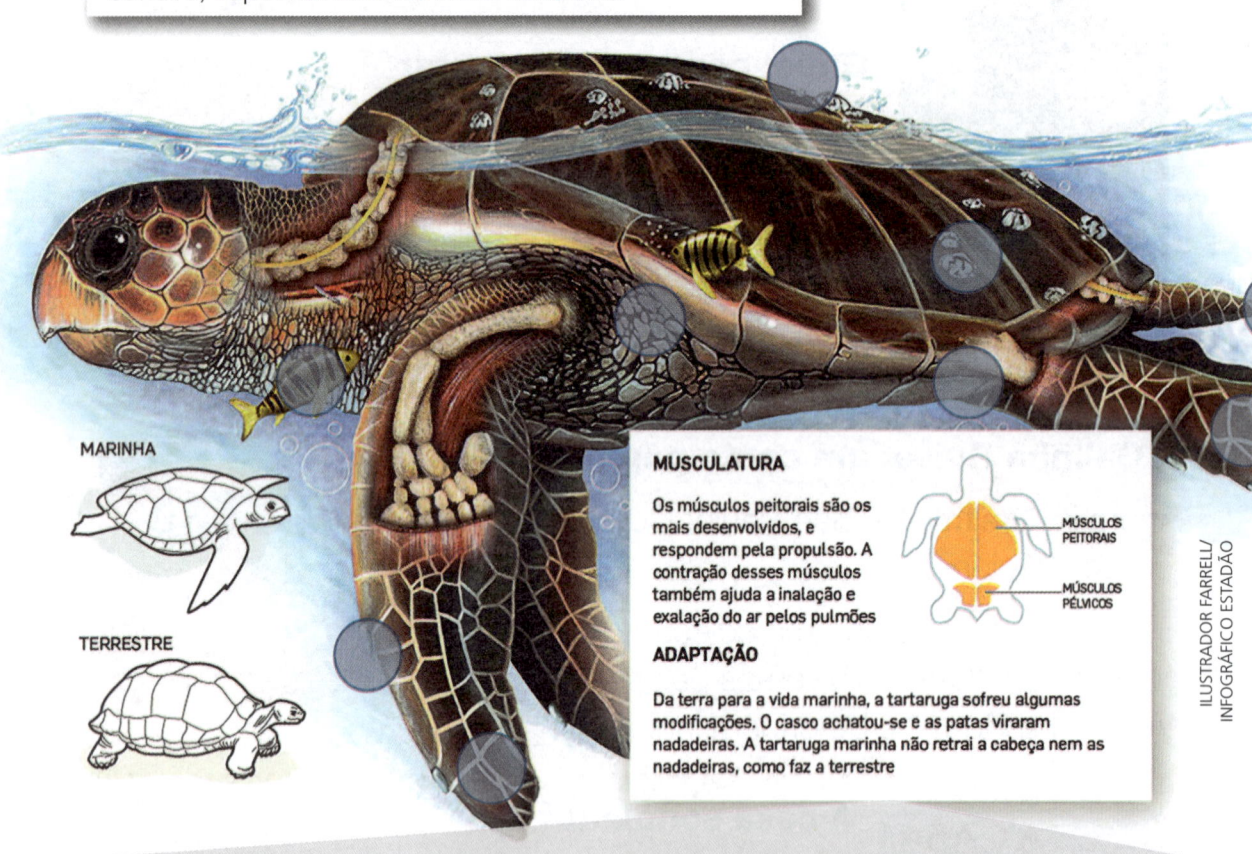

MARINHA

TERRESTRE

MUSCULATURA

Os músculos peitorais são os mais desenvolvidos, e respondem pela propulsão. A contração desses músculos também ajuda a inalação e exalação do ar pelos pulmões

MÚSCULOS PEITORAIS
MÚSCULOS PÉLVICOS

ADAPTAÇÃO

Da terra para a vida marinha, a tartaruga sofreu algumas modificações. O casco achatou-se e as patas viraram nadadeiras. A tartaruga marinha não retrai a cabeça nem as nadadeiras, como faz a terrestre

ILUSTRADOR FARRELI/INFOGRÁFICO ESTADÃO

MUSCULATURA

Os músculos peitorais são os mais desenvolvidos, e respondem pela propulsão. A contração desses músculos também ajuda a inalação e exalação do ar pelos pulmões.

ADAPTAÇÃO

Da terra para a vida marinha, a tartaruga sofreu algumas modificações. O casco achatou-se e as patas viraram nadadeiras. A tartaruga marinha não retrai a cabeça nem as nadadeiras, como faz a terrestre.

O RAIO X da tartaruga. *Estadão*. Disponível em: https://infograficos.estadao.com.br/sustentabilidade/raio-x-tartaruga-cabecuda/#. Acesso em: 22 ago. 2022.

44

ESTUDO DO TEXTO

1 Sobre qual animal trata o infográfico?

_____

_____

2 Quais são as informações principais nessa seção do infográfico?

_____

_____

_____

3 Releia este trecho do infográfico:

> A Tartaruga Cabeçuda é a que mais desova no Brasil, em uma área que se estende de Sergipe ao Rio de Janeiro, especialmente no litoral da Bahia.

a) Procure no dicionário a palavra **desova**. O que ela significa?

_____

_____

b) Considerando seu significado, de qual palavra ela se origina?

_____

_____

O texto que você leu chama-se **infográfico**. Ele apresenta informações reunindo fotografias, desenhos, dados numéricos e textos explicativos sobre um tema ou assunto.

45

4 Observe as seguintes ilustrações do infográfico:

MARINHA

TERRESTRE

ILUSTRADOR FARRELL/INFOGRÁFICO ESTADÃO

a) Qual é o objetivo de serem apresentadas?

_____

_____

b) Ligue as palavras ao ambiente em que vive cada uma das tartarugas.

marinha   terra

terrestre   mar

5 No infográfico, aparecem várias bolinhas azuis. Considerando que ele é um infográfico interativo, ou seja, o leitor precisa interagir com ele para encontrar informações, o que você acha que acontecerá quando, no *site*, você passar o cursor do *mouse* nessas bolinhas?

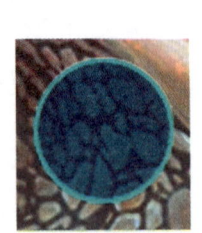

_____

_____

_____

ESTUDO DA LÍNGUA

Acento agudo e acento circunflexo

Leia esta informação sobre a tartaruga-cabeçuda e observe as palavras destacadas.

A tartaruga-cabeçuda nada pelos oceanos **Índico**, **Pacífico** e **Atlântico**, em mares tropicais, subtropicais e temperados. Mas mesmo espalhada por uma **área** tão vasta, ela não **está** a salvo, como fica claro pelas ameaças que sofre no Brasil. Por aqui, a **espécie** pode ser avistada ao longo de todo o litoral. [...]

Tartaruga-cabeçuda. *National Gographic Brasil*, 21 abr. 2020. Disponível em: https://www.nationalgeographicbrasil.com/animais/repteis/tartaruga-cabecuda. Acesso em: 29 ago. 2022.

Nas palavras **Índico**, **Pacífico**, **área**, **está** e **espécie**, há um sinal chamado **acento agudo** ´ .

O **acento agudo** é usado para indicar o som aberto das vogais.

Na palavra **Atlântico**, há um sinal chamado **acento circunflexo** ^ .

O **acento circunflexo** é usado para indicar o som fechado das vogais.

Leia algumas palavras com **acento agudo**.

| Ceará | xícara | tuiuiú | pé | vovó | sofá | família | búfalo |
| José | cipó | árvore | sítio | baú | picolé | óculos | |

Leia algumas palavras com **acento circunflexo**.

lâmpada	lâmina	câmera	infância	Ângela
português	tênis	três	pêssego	bebê
vovô	maiô	robô	metrô	ônibus

47

ATIVIDADES

1 Leia a frase e observe as palavras destacadas.

> A tartaruga-cabeçuda **está** correndo risco de extinção, mas ainda podemos ver **esta** espécie nas praias do litoral brasileiro.

a) O que diferencia as palavras destacadas na escrita?

_____

b) O que acontece com a palavra quando colocamos o acento ou quando o retiramos?

_____

2 Use as palavras do quadro para completar as frases.

> maio   maiô

O _____ tem bolinhas brancas.

No segundo domingo do mês de _____, comemora-se o Dia das Mães.

> vovó   vovô

_____ é professor de História.

_____ é escritora.

> sabiá   sábia   sabia

Minha mãe é muito _____.

O aluno não _____ como resolver a questão.

O _____ é conhecido por seu canto.

3 Reescreva estas palavras, retirando o acento. Depois, leia cada uma delas, observando se o significado continua igual.

ópera _____   término _____

país _____   público _____

metrô _____   bebê _____

4 Acentue e separe as sílabas das palavras.

picole _____   voce _____

matematica _____   frances _____

mare _____   tenis _____

lapis _____   infancia _____

guarana _____   portugues _____

xicara _____   buque _____

lingua _____   silencio _____

arvore _____   genio _____

5 Complete as frases com palavras do quadro.

três   avó   sábado   trânsito

a) Devemos respeitar os sinais de _____.

b) No semáforo, há _____ cores diferentes.

c) A mãe do meu pai é minha _____.

d) Antes do domingo, vem o _____.

49

6 Coloque os acentos agudo ou circunflexo onde for necessário. Depois, copie as frases.

a) Candida ganhou um jogo de domino.

_____

_____

b) Vovo faz trico e croche.

_____

c) Barbara ganhou tres lapis e uma regua.

_____

_____

d) Voce ja comeu pessego?

_____

7 Escreva o nome das figuras a seguir.

_____   _____

_____   _____

_____   _____

50

Acentuação dos monossílabos tônicos

> **Monossílabos** são palavras de uma só sílaba. Alguns monossílabos são acentuados, outros não.

São acentuados:
- os monossílabos tônicos terminados em **a**, **e** e **o**, seguidos ou não de **s**. Exemplos:

> mês – já – trás – pé – pá – pó – ré

- os monossílabos tônicos terminados em ditongos abertos **-éis**, **-éu(s)**, **-ói(s)**. Exemplos:

> céu(s) – véu(s) – réis – dói

ATIVIDADES

1 Leia as palavras do quadro a seguir.

> chá   pá   Brás   pé   mês
> crê   nós   pôs   só

a) O que essas palavras têm de semelhante quanto à acentuação?

_____

_____

b) Como essas palavras classificam-se quanto ao número de sílabas?

_____

c) Complete a regra.

Acentuamos as palavras monossílabas terminadas em _____,

_____ e _____, seguidas ou não de **s**.

51

2 Leia estes ditados populares.

Saco vazio não para em pé.

Más notícias chegam depressa.

Cada um dá o que tem.

Uma andorinha só não faz verão.

Domínio público.

- Copie os monossílabos tônicos acentuados que aparecem nesses ditados.

_____

Ditados populares são frases curtas que expressam uma opinião comum na sociedade em que vivemos e fazem parte da cultura popular. Muitos ditados foram criados em tempos bem antigos e são utilizados até hoje.

3 Sobre a acentuação de palavras monossílabas, marque **V** para as informações verdadeiras e **F** para as falsas.

☐ Nem todos os monossílabos tônicos são acentuados.

☐ Monossílabos tônicos terminados em **-a**, **-e** ou **-o** são acentuados.

☐ Monossílabos tônicos, quando acentuados, só recebem acento agudo.

☐ Monossílabos como **dor**, **mar**, **Sol** e **flor** não recebem acento.

ORTOGRAFIA

Palavras com til, m e n

Releia em voz alta estas palavras do infográfico.

es**ten**de	res**pon**dem	pul**mões**
especial**men**te	con**tra**ção	propul**são**
de**sen**volvidos	tam**bém**	vira**ram**

Perceba que as sílabas em destaque têm pronúncia nasalizada. Isto acontecerá sempre que as vogais estiverem acompanhadas por **m** ou **n** ou quando as vogais **a** e **o** forem sinalizadas com o **til** ~ .

ATENÇÃO! Diferentemente dos acentos agudo e circunflexo, o **til** não é um acento tônico, mas um acento (ou sinal) gráfico que indica nasalidade, portanto, seu uso não indica tonicidade em uma sílaba.

Esteja atento ao fato de que a nasalização acontece porque as consoantes **m** e **n** estão no final de uma sílaba acompanhando a vogal. Caso uma das letras forme uma nova sílaba, não há nasalidade.

ATIVIDADES

1 Encontre no diagrama cinco palavras sinalizadas com **til**. Depois, copie-as.

P	Q	A	P	A	X	S	X	G
B	A	L	Ã	O	C	Ó	F	R
R	C	L	W	I	Q	T	W	Ã
M	Ó	R	F	Ã	O	Ã	P	O
T	U	B	A	R	Ã	O	D	E

_____
_____
_____
_____
_____

53

2 Complete as palavras abaixo com m ou n.

te____pestade   prolo____gado   i____co____pleto

i____pone____te   zi____co   si____plesme____te

sa____bista   i____strume____to   e____pregado

bo____ba   carpi____teiro   u____bigo

> Antes das letras **p** e **b** devemos sempre empregar a letra **m**.

3 Escreva os nomes das figuras.

_____   _____   _____

_____   _____   _____

4 Complete a tabela escrevendo três nomes de pessoas ou locais de acordo com as indicações.

a) nomes com **ão**: _____

b) nomes com vogal + **m**: _____

c) nomes com vogal + **n**: _____

54

5 Desembaralhe as sílabas e escreva as palavras formadas.

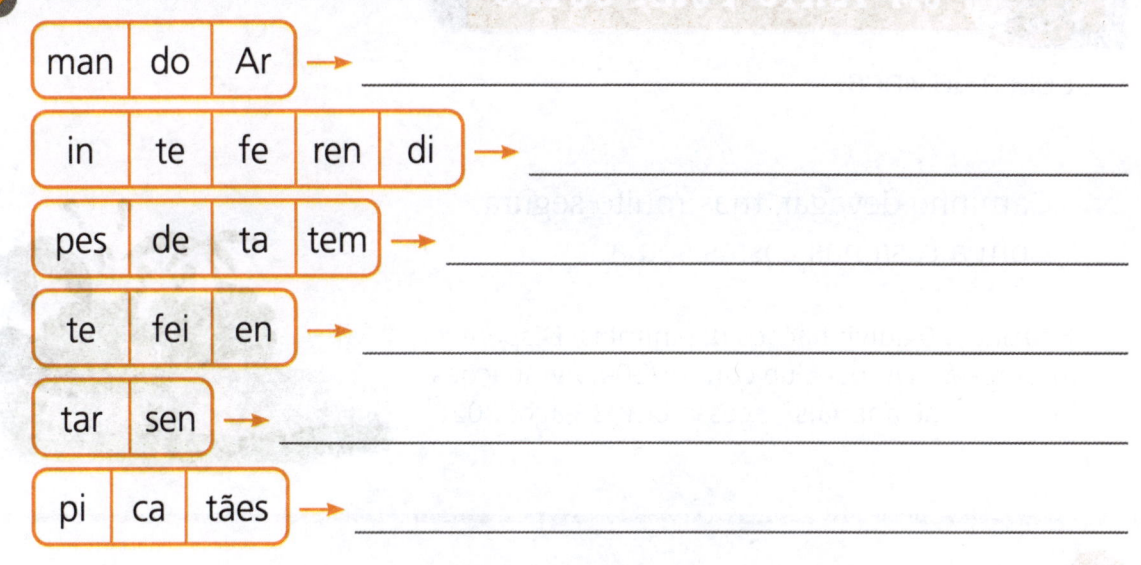

| man | do | Ar | → _____ |

| in | te | fe | ren | di | → _____ |

| pes | de | ta | tem | → _____ |

| te | fei | en | → _____ |

| tar | sen | → _____ |

| pi | ca | tães | → _____ |

6 Observe a capa do filme para responder às questões propostas.

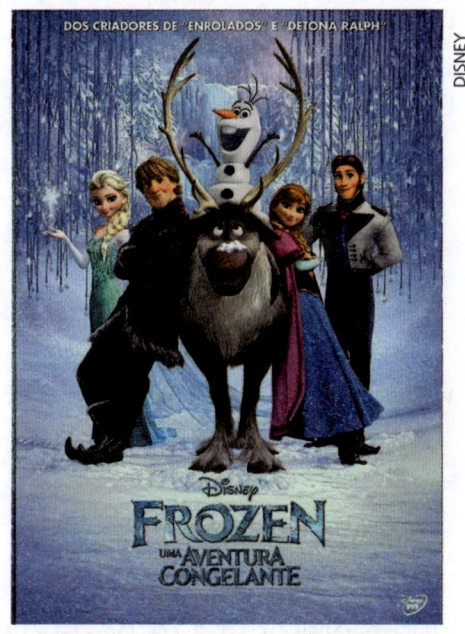

a) As palavras **aventura** e **congelante** foram escritas com vogal + **n**. Por que a letra **m** não pôde ser empregada?

_____

_____

b) Por que a palavra **Frozen** termina com **n** se a maioria das palavras são encerradas pela letra **m**?

55

UM TEXTO PUXA OUTRO

Leia a adivinha.

Caminho devagar, mas muito segura,
Com a casa nas costas sou a...

Educlub. 20 adivinhações de animais. Disponível em: https://www.educlub.com.br/20-adivinhacoes-de-animais/. Acesso em: 29 ago. 2022.

1 Escreva a palavra que completa o último verso da adivinha.

_____

2 Quais palavras do texto dão pistas para descobrir a resposta da adivinha?

_____

_____

3 Que outro animal você conhece que também leva "a casa nas costas"?

_____

_____

4 Desenhe o animal que representa a resposta da adivinha.

PRODUÇÃO DE TEXTO

Sua sala de aula já tem um mural para colocar os temas e assuntos mais interessantes ou curiosos que surgem nas aulas? Se não tiver, vamos criá-lo? Se já tiver, é preciso apenas afixar nele alguns materiais.

E, já que falamos da tartaruga-cabeçuda, um bom tema seria animais marinhos.

Preparação

Forme dupla com um colega e escolham um animal.

Depois, criem uma lista de perguntas e curiosidades que gostariam de saber sobre ele, como tamanho, alimentação, onde vive etc.

Façam uma pesquisa sobre esse animal. Essa pesquisa pode ser na biblioteca da escola, na internet ou em livros trazidos de casa.

Escrita

Criem um texto informativo com o resultado da pesquisa.

Não se esqueçam de incluir imagens ou ilustrações do animal.

Revisão

Entreguem o texto ao professor. Ele fará anotações daquilo que precisa ser modificado e vocês farão as correções.

Painel

Com os textos já corrigidos e ilustrados, montem o painel na sala de aula.

AMPLIANDO O VOCABULÁRIO

contração

(con-tra-**ção**): encurtar ou reduzir involuntariamente um músculo de volume.
Exemplo: *A contração dos músculos por causa do frio me deixou dolorida.*

desova

(de-**so**-va): pôr os ovos.
Exemplo: *A tartaruga cabeçuda desova no litoral da Bahia.*

Tartaruga em desova.

exalação

(e-xa-la-**ção**): soltar o ar.
Exemplo: *As flores exalam um delicioso perfume no ar.*

Rosa.

inalação

(i-na-la-**ção**): puxar o ar.
Exemplo: *Você já fez inalação para melhorar sua respiração?*

propulsão

(pro-pul-**são**): impulso para ir para a frente.
Exemplo: *Na aula de natação, ele usou a propulsão das pernas para sair da beirada.*

LEIA MAIS

O livro dos bichos malucos

Valéria Belém. São Paulo: Companhia Editora Nacional, 2012.

Neste livro, o personagem Breno mistura vários animais e cria bichos bem malucos.

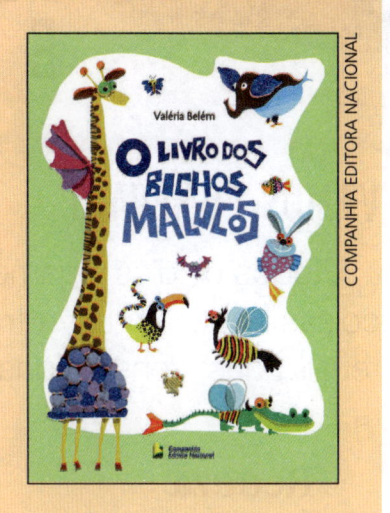

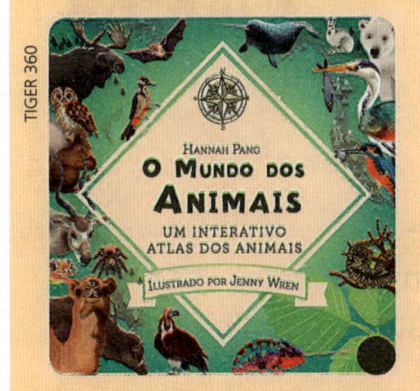

O mundo dos animais: um interativo atlas dos animais

Hanna Pang. São Paulo: Tiger 360, 2018.

Neste livro, você poderá conhecer animais de vários lugares do planeta, descobrindo como eles vivem e suas características de forma bastante divertida.

A volta ao mundo em 80 bichos

José Santos. São Paulo: Companhia Editora Nacional, 2012.

Cada leitura que a gente faz é uma viagem para um lugar diferente, e cada lugar do mundo tem bicho de tudo que é jeito!

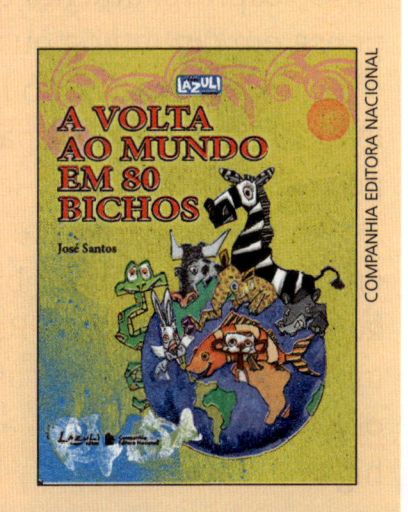

59

LIÇÃO 4

REDUZA, REUTILIZE E RECICLE!

VAMOS COMEÇAR!

Todos os dias jogamos fora muitas coisas. Será que algumas dessas coisas poderiam ter outra utilidade? Ou ainda poderiam ser usadas, reutilizadas, consertadas? Como podemos diminuir o lixo produzido?

Reduza

É preciso adotar atitudes para evitar a produção de resíduos, com base na adoção de pequenas práticas. Com elas, criamos uma nova mentalidade em relação a coisas simples do dia a dia, por exemplo:
- sempre que possível, adquirir produtos com embalagens retornáveis;
- aproveitar os dois lados das folhas de papel e revisar os textos antes de imprimi-los no computador;
- economizar água, luz, gás, combustível do automóvel, alimentos etc.

Reutilize

O reaproveitamento de materiais é hoje indispensável quando se pensa em diminuir a quantidade de materiais nos lixões.

É importante criar o hábito de doar roupas, brinquedos, móveis, livros e outros objetos para que outras pessoas possam utilizá-los.

Aproveitar garrafas e outras embalagens para fazer brinquedos, guardar alimentos etc. Reutilizar também sacolas plásticas, mas nunca objetos que impliquem a falta de higiene.

60

Recicle

Por fim, o processo de reciclagem completa os três Rs. Ele consiste em processar determinados produtos novamente. Assim, os materiais produzidos podem voltar para as indústrias como matéria-prima a fim de serem usados na fabricação de novos produtos. Se todos ajudam, a reciclagem pode se tornar um hábito que ajude a salvar o planeta Terra.

Disponível em: http://www.oocities.org/br/lixoreciclavel/rs.htm.
Acesso em: 13 ago. 2022.

ESTUDO DO TEXTO

1 O que são os 3 Rs?

_____

2 Copie do texto uma atitude para evitar a produção de resíduos.

_____

_____

_____

_____

> Você acabou de ler um **texto informativo**. Podemos encontrar esse tipo de texto em jornais, revistas, enciclopédias, *sites* etc.

61

3 Você sabe o que, geralmente, vai para a lixeira de sua casa? São materiais que podem ser reciclados ou reutilizados?

_____

_____

_____

4 Em sua casa, você costuma separar o lixo? Se sim, como faz essa separação?

_____

_____

5 O que você faz para:

a) reduzir?

_____

_____

b) reutilizar?

_____

_____

c) reciclar?

_____

_____

6 Você sabe o que é coleta seletiva? Ela é feita em seu bairro? Converse com os colegas sobre o assunto.

> Comer, falar, brincar, correr, pular são atividades que podem ser realizadas. Essas palavras indicam **ações**.

7 Copie do texto três palavras que indicam ação.

_____

_____

8 Releia o texto. Com base nele, o que significam **reduzir**, **reutilizar** e **reciclar**? Faça a correspondência.

1	Reduzir	☐ Usar de novo.
2	Reutilizar	☐ Usar um material na produção de outro.
3	Reciclar	☐ Diminuir.

A palavra **reciclar** tem origem em uma palavra da língua inglesa, *recycle*, que significa "repetir um ciclo".

9 Observe o exemplo e escreva as palavras que representam os termos.

utilizar de novo – reutilizar

ler de novo – _____

fazer de novo – _____

começar de novo – _____

numerar de novo – _____

10 Você conhece mais palavras que se iniciam com re e que significam repetir uma ação? Converse com o professor e os colegas. Depois, escreva essas palavras nas linhas a seguir.

_____

_____

_____

ESTUDO DA LÍNGUA

Sílaba tônica

Em toda palavra, existe sempre uma sílaba que é pronunciada de um modo mais forte que as outras. Vamos ver como isso acontece.

Leia em voz baixa os exemplos, pronunciando devagar cada sílaba.

Exemplo 1:

hábito   reci**cla**gem   fabri**ca**ção

Em cada uma das palavras acima, qual sílaba é pronunciada mais fortemente?

Exemplo 2:

práticas   brin**que**dos   computa**dor**

Nesses casos, você deve ter percebido que todas as sílabas destacadas são as que pronunciamos com mais intensidade.

Tente fazer diferente no Exemplo 2, pronunciando mais fortemente estas sílabas sublinhadas: prá<u>ti</u>cas, <u>brin</u>quedos, comp<u>u</u>tador.

O som fica meio estranho, não é? Nem parece que estamos falando a mesma língua portuguesa.

Sílaba tônica é a sílaba da palavra pronunciada com mais intensidade.

ATIVIDADES

1 Contorne a sílaba tônica das palavras a seguir.

reduza   reutilize   recicle

reduzir   reutilizar   reciclar

2 Leia as palavras em voz alta e contorne a sílaba tônica.

janela	cedinho	voltagem	tomou	ninguém
página	mágica	viu	girassol	botina
panela	relógio	livro	colégio	piscava
coragem	leite	cantava	país	sabonete
alfinete	mansinho	topou	nariz	caracol

Escolha nesse quadro duas palavras que rimem. Crie dois versos com elas, colocando cada uma no final de cada verso.

_____

_____

3 Escreva os nomes das figuras separando as sílabas. Os nomes dessas figuras estão escritos no quadro da atividade 2.

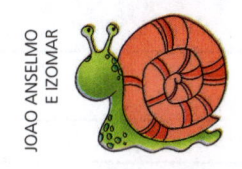

65

ORTOGRAFIA

Letras r e rr

1 As palavras abaixo fazem parte do texto "Reduza, reutilize, recicle!". Agrupe-as nos quadros de acordo com as indicações.

garrafas	reduza	Terra	recicle
adotar	evitar	reutilize	economizar
resíduos	materiais	computador	roupas

R no início da palavra	RR no meio da palavra

R entre vogais	R no final da palavra

2 Pesquise outras palavras escritas com **r** para completar os quadros da atividade 1.

3 Observe as palavras escritas nos quadros da atividade 1. Nas afirmações a seguir, marque **V** para as verdadeiras e **F** para as falsas.

☐ Em todas as palavras aparece a letra **r**.

☐ O **r** no início da palavra tem o mesmo som de **rr**.

☐ Há palavras que terminam com **rr**.

☐ Há palavras que começam com **rr**.

☐ O **rr** só aparece no meio de duas vogais.

☐ O **r** entre vogais tem som mais fraco que **rr**.

4 Complete com (r) ou (rr).

_____ua   _____ei   _____io

co_____ida   ma_____ido   ciga_____a

besou_____o   to_____ada   a_____umado

cou_____o   ba_____iga   ama_____ar

5 Acrescente um (r) e forme outra palavra.

caro _____   tora _____

moro _____   vara _____

6 Forme novas palavras colocando (r) no final de uma das sílabas de cada palavra.

foca _____   pata _____

baba _____   uso _____

lago _____   ama _____

maca _____   cota _____

67

UM TEXTO PUXA OUTRO

Observe o cartaz abaixo, propaganda de uma campanha promovida pela ONG WWF. Assim como o texto do início da lição, a ideia da campanha é incentivar o cuidado com o meio ambiente.

WWF

VAMOS MESMO CRIAR ESTA ESPÉCIE?
ESTÁ NA HORA DE LIMPAR O OCEANO

© Vassilis Kokkinidis / WWF Greece

ANP/WWF. Twitter, 8 jun. 2018. Disponível em: https://twitter.com/wwf_portugal/status/1005116784545017857?lang=bg. Acesso em: 14 ago. 2022.

O texto que você observou é uma **propaganda**. Ela traz uma imagem de impacto e um texto chamativo, para atrair o leitor.

1 A principal função de uma propaganda é promover algo, seja um produto, seja uma ideia.

a) O cartaz pretende promover um objeto ou uma ação?

_____

b) Qual ação é promovida?

_____

_____

2 O que está sendo representado na imagem? Como o cartaz se relaciona com o texto lido no início da lição?

3 No cartaz, há uma pergunta ao leitor.

a) Que pergunta é essa?

_____

b) A que espécie ela se refere?

_____

_____

4 Observe atentamente o cartaz e responda.

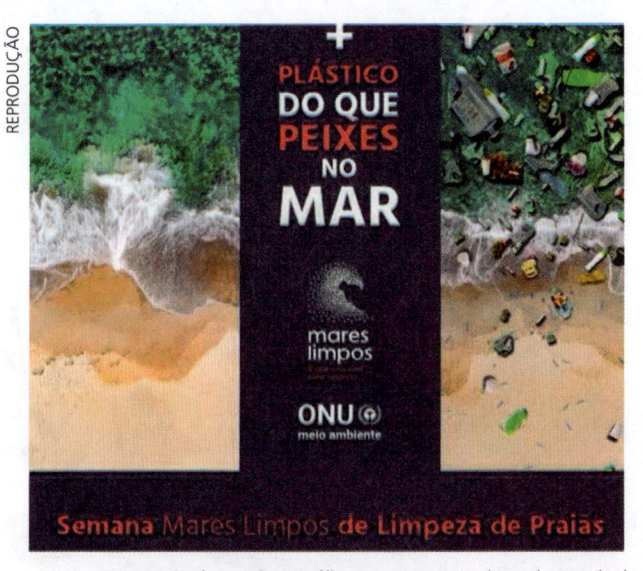

+ PLÁSTICO DO QUE PEIXES NO MAR

mares limpos

ONU meio ambiente

Semana Mares Limpos de Limpeza de Praias

Disponível em: https://lucenatorres.jusbrasil.com.br/artigos/702936739/ja-ouviu-falar-sobre-o-projeto-mares-limpos. Acesso em: 14 ago. 2022.

a) Qual ação é promovida nesta campanha?

b) Qual a relação com a campanha anterior?

69

EU GOSTO DE APRENDER MAIS

Todos os dias jogamos fora muitas coisas de que não precisamos mais. Para onde será que elas vão? Será que daria para usá-las novamente?

Vida da gente

Todo dia da nossa vida, a gente pega tudo o que não interessa mais e joga fora, certo? Daí vem o lixeiro e leva. Parece simples, mas... para onde o lixeiro leva o lixo? Há lugares onde eles jogam tudo, que são os lixões. Lá, os homens ficam pondo lixo e enterrando, até que junta tanto lixo que nem todas as máquinas do mundo conseguiriam enterrar. Nessa hora, é preciso encontrar novos lugares para fazer novos lixões. A gente nunca pensa nisso, afinal os lixões são todos longe da casa da maioria de nós. Mas fique sabendo que isso é um problema desse tamanho!

Algumas coisas que nós jogamos fora são tão venenosas que contaminam a terra dos lixões por muitos anos. O problema é que não existe mágica. Enquanto a gente viver, vai produzir lixo. O jeito menos besta de ajudar nisso é criar a menor quantidade de lixo possível. Como? Reciclando. Reciclar não é só juntar vidro e jornal e vender para o garrafeiro que vai vender para a fábrica de vidro ou papelão. Ou então dar para o lixeiro nas cidades que coletam lixo recolhido.

A gente precisa aprender a gastar bem as coisas antes de jogar fora! Usar sempre o papel dos dois lados, usar vidros e saquinhos pra guardar outras coisas depois de bem lavadinhos... Se a gente não se preocupar com isso, logo vai haver uma montanha fedida perto da nossa casa! Escute o que eu estou falando!

Fernando Bonassi. *Vida da gente*. Belo Horizonte: Formato, 2005.

1 Qual é a solução dada pelo autor para o problema que ele discute?

_____
_____
_____
_____

2 Leia a frase: "O jeito menos besta de ajudar nisso é criar a menor quantidade de lixo possível". **Nisso** se refere a quê?

_____
_____

3 Segundo o autor, qual seria a consequência de as pessoas não se preocuparem com o lixo?

_____
_____

4 Você também acha que reciclar é a melhor maneira de tratarmos o lixo? Em sua opinião, existem outras formas? Quais? Converse com o professor e com os colegas e escreva algumas ideias.

_____
_____
_____
_____
_____
_____

PRODUÇÃO DE TEXTO

Nesta lição, você descobriu o que são os três Rs do reaproveitamento dos materiais. E viu uma propaganda de uma campanha de reciclagem.

Agora, vamos criar cartazes para uma campanha de conscientização, na escola, sobre a importância de "reduzir, reutilizar e reciclar".

Preparação

Com toda a turma, releiam o primeiro texto da lição e resumam o que significa reduzir, reutilizar e reciclar.

_____
_____
_____
_____
_____
_____
_____

Pesquisem mais sobre o assunto em livros, *sites*, revistas e jornais. Adicionem exemplos de redução, reutilização e reciclagem às definições que vocês fizeram.

Escrita

Formem grupos de três ou quatro alunos. Cada grupo vai escolher uma das opções levantadas durante a preparação.
- exemplos de redução, reutilização ou reciclagem;
- exemplos da falta de redução, reutilização ou reciclagem.

Pensem, em grupo, em uma frase chamativa sobre o assunto escolhido. Vocês podem usar como exemplo a frase da campanha lida na página 68. A frase pode ser:
- positiva, incentivando as ações abordadas na campanha;
- negativa, mostrando o lado ruim de não praticá-las.

Como na campanha da WWF, vocês devem escolher também uma imagem que combine com a frase que criaram. Se não quiserem usar foto, podem ilustrar o cartaz com desenhos ou colagens.

Façam um rascunho do cartaz no espaço abaixo. Pensem em como ficará a posição da imagem e onde entrará o texto. Qual tamanho terá o texto? De que cor será, para poder ser lido?

Revisão

Confiram no rascunho:
- se a frase está escrita corretamente;
- se está legível;
- se está bem posicionada.

A imagem e o texto chamam a atenção do leitor?
Eles transmitem a mensagem desejada?
Passem o texto a limpo e ilustrem-no.

Mural

Sob orientação do professor, vocês montarão um mural com os cartazes que criaram. Esse mural será exposto em um lugar de passagem na escola, para que todos possam observá-lo.

AMPLIANDO O VOCABULÁRIO

matéria-prima

(ma-**té**-ria - **pri**-ma): principal material usado na fabricação de alguma coisa.

Exemplo: *Os materiais produzidos podem servir de matéria-prima para fabricar outros produtos.*

processo de reciclagem

(pro-**ces**-so de re-ci-**cla**-gem): modo de fazer a reciclagem.

Exemplo: *O processo de reciclagem contempla os três Rs: reduzir, reutilizar, reciclar.*

reciclagem

(re-ci-**cla**-gem): reutilização de materiais descartados, reintroduzindo-os na cadeia produtiva, para que se torne, novamente, matéria-prima.

Exemplo: *A reciclagem ajuda a diminuir a quantidade de lixo nos lixões.*

tônica

(**tô**-ni-ca): com maior intensidade.

Exemplo: *A sílaba tônica de uma palavra, às vezes, leva acento.*

LEIA MAIS

Material reciclado

Vanessa Lebailly. São Paulo: Companhia Editora Nacional, 2005.

A reutilização de embalagens de leite, de plástico e de papelão, caixas de cereais, garrafas de água ou de suco de frutas, tubos de creme dental, potes de iogurte pode se tornar um programa divertido e pedagógico.

O livro do planeta Terra

Todd Parr. São Paulo: Panda Books, 2010.

Neste livro, há pequenas dicas que ajudam a cuidar do planeta.

Planeta, meu amor!

Sylvie Girardet. São Paulo: Companhia Editora Nacional, 2007.

Neste livro, há cinco fábulas para pensar em cuidados com o planeta.

ORGANIZANDO CONHECIMENTOS

1 Leia o texto a seguir.

Vitamina de banana

Ana disse para Mariana:
– Esta banana está passada.
Não sei se faço bananada
ou banana amassada
ou se coloco canela
e faço banana assada na baixela.
Mariana disse para Ana:
– Faça uma boa vitamina.
Coloque por cima muita rima:
caramelo com marmelo,
tangerinas com nectarinas,
mangas com pitangas.
Bata tudo no liquidificador
e pronto, Ana.
Ninguém perceberá no sabor
o gostinho passado da banana.

Jonas Ribeiro. *Poesias de dar água na boca*. São Paulo: Ave-Maria, 2010.

- O texto "Vitamina de banana" é:

☐ uma receita.   ☐ um conto de repetição.

☐ um poema.   ☐ um texto informativo.

2 Ligue as palavras que rimam.

- bananada
- canela
- sabor

- liquidificador
- amassada
- baixela

3 Contorne a primeira letra de cada palavra. Depois, escreva-as em ordem alfabética.

pitangas _____

tangerinas _____

caramelo _____

nectarinas _____

mangas _____

marmelo _____

4 Releia estas palavras do texto.

| vitamina | caramelo | Mariana |
| tangerinas | bananada | amassada |

a) Como essas palavras são classificadas quanto ao número de sílabas?

☐ monossílabas ☐ dissílabas

☐ trissílabas ☐ polissílabas

b) Copie do texto "Vitamina de banana" uma palavra escrita com seis sílabas.

_____

77

5 Leia as palavras e escreva-as na coluna adequada.

Renato	carinho	história	corrida
varre	tontura	rumo	mentira
remo	burro	redondo	arrumação

R (som forte)	RR (som forte entre vogais)	R (som brando entre vogais)

6 Complete as palavras com (r) ou (rr). Depois, copie as frases.

a) ___enato mo___a em Mo___o Verde.

_____

_____

b) O ___apaz de___ubou a ga___afa.

_____

_____

c) O se___ote é do tio ___oberto.

_____

_____

d) A bo___boleta de asas ama___elas voou.

_____

_____

78

7 Complete as palavras a seguir com [m] ou [n]:

ca__panha   i__piedoso   ca__to

a__da__   e__panado   i__pério

8 As palavras a seguir foram escritas sem acento, mas todas elas são acentuadas. Acentue corretamente e copie essas palavras nas colunas correspondentes do quadro.

portugues	ioio	armario	maximo	duvida
onibus	colegio	lampada	bambole	automovel
equilibrio	cafe	silaba	premio	ciencia

Palavras com acento agudo	Palavras com acento circunflexo

9 Complete as palavras com a letra [h], quando necessário.

__opção   __imagem

__omem   __ipismo

__ino   __istória

79

LIÇÃO 5

DESCOBRINDO HISTÓRIAS E AUTORES

VAMOS COMEÇAR!

Você vai ler a seguir algumas indicações literárias postadas em um *blog*. O texto completo apresenta os 30 melhores livros infantis de 2021. Na listagem abaixo, você vai encontrar as cinco obras indicadas para leitores de diferentes idades.

http://leiturinha.com.br/blog/os-30-melhores-livros-infantis-de-2021/

Os 30 melhores livros infantis de 2021

por Sarah Helena | dez 6, 2021

Neste, que foi o segundo ano de pandemia que enfrentamos, os livros foram mais do que nunca alicerces para imaginarmos um novo futuro. Os livros foram a pausa necessária no fim do dia para alimentar a alma, o colo e o afago antes de dormir, o riso fácil no virar de uma página, a confirmação de se saber bem acompanhados, ainda que fisicamente isolados.

[...]

Vamos conhecer [cinco deles] [...]

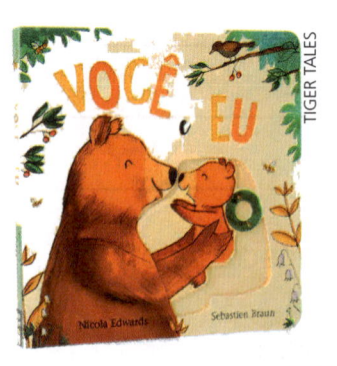

1. Você e Eu

Editora: Tiger Tales
Autoria: Nicola Edwards
Tradução: Vivian Vallii

Você e Eu é um livro que fala sobre o afeto e o quanto ele é importante para os bebês. As relações que são baseadas no amor e no respeito proporcionam sentimentos de confiança para a criança explorar sua potencialidade e os diferentes ambientes que a cercam. Além disso, este livro possui recursos interativos incríveis, para exercitar a motricidade dos bebês e o encanto dos adultos. [...]

80

7. Uma Lagarta Muito Comilona

Editora: Callis

Autoria: Eric Carle

Tradução: Miriam Gabbai

Um pequeno ovinho descansa em uma folha. E, desse ovo, nasce uma pequena lagarta faminta. Pelo caminho, ela encontra muitos alimentos. De pedacinho em pedacinho, vai comendo todos eles e logo se torna uma lagarta beeem grande. E agora? O que fazer? O livro *Uma Lagarta Muito Comilona*, como relata o autor, Eric Carle, fala sobre esperança! Afinal, para se tornar uma borboleta é preciso paciência, mesmo que em algum momento da vida exista alguma dor de barriga pelo caminho e mesmo que um casulo temporário seja necessário.

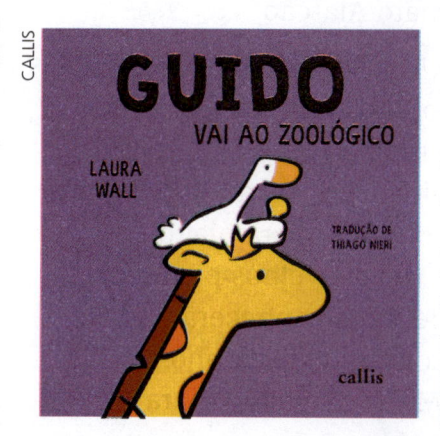

[...]

11. Guido Vai ao Zoológico

Editora: Callis

Autoria: Laura Wall

Tradução: Thiago Neri

Em *Guido Vai ao Zoológico* conhecemos Sofia, uma menininha adorável, e Guido, um ganso muito especial. Eles se conheceram em um parque e Sofia não quis mais desgrudar dele. Eles se tornaram melhores amigos. Fazem tudo juntos, tudinho. Ops! Nem tudo! Algumas coisas eles não podem fazer juntos, afinal, ela é uma menina e ele é um ganso. Por isso, Guido às vezes se sente só. Então, Sofia tem uma ideia para ajudar o seu grande amigo.

[...]

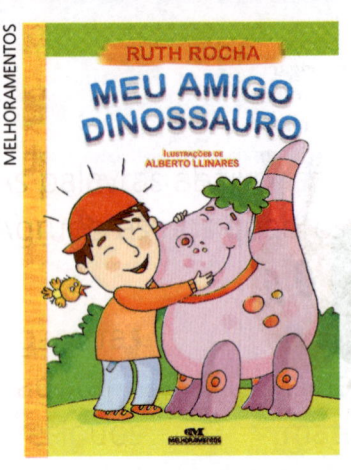

17. Meu Amigo Dinossauro

Original Leiturinha

Autoria: Ruth Rocha

Ilustrações: Elisabeth Teixeira

Imagina o que aconteceria se um dinossauro aparecesse agorinha na sua casa? Sabemos que os dinossauros estão extintos, mas isso não impede nossa imaginação de voar! Ao invés de nos fazer correr de medo, essa é a história de um dinossauro que ensinará sua criança sobre o mundo. Em *Meu Amigo Dinossauro*, escrito por Ruth Rocha, sua criança viajará pela história do petróleo e, de certa forma, da humanidade. E o melhor de tudo é que sua criança, como parte da nossa futura geração, será inspirada a pensar em nosso papel de cuidado com o mundo. Uma leitura com relevância ontem, hoje e amanhã!

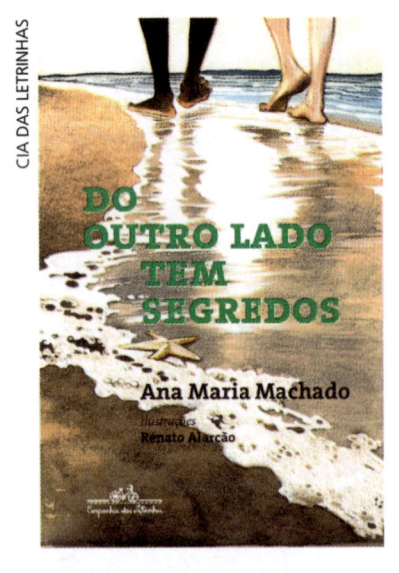

[...]

27. Do Outro Lado Tem Segredos

Editora: Cia. das Letrinhas

Autoria: Ana Maria Machado

Ilustrações: Renato Alarcão

Do *Outro Lado Tem Segredos* conta a história de Bino, um menino que vive e convive com o mar, a pesca e as tradições de uma comunidade que tem no peixe seu sustento. Seu sonho? Ir para o alto-mar, assim como os bons e velhos pescadores. Mas o que será que tem do outro lado? Os leitores conhecerão a vida num contexto de compartilhamento, comunidade, sonhos e descobertas. Um livro de autoria de Ana Maria Machado, para conhecer e amar desde cedo!

Sarah Helena. Os 30 melhores livros infantis 2021. *Leiturinha*, 6 dez. 2021. Disponível em: https://leiturinha.com.br/blog/os-30-melhores-livros-infantis-de-2021/. Acesso em: 30 ago. 2022.

ESTUDO DO TEXTO

A publicação em um *blog* é chamada *post* ou postagem e nela é possível utilizar, além de texto, outros tipos de mídia, como imagens, vídeos e músicas.

1 Responda de acordo com o texto postado no *blog*.

a) De que assunto trata a publicação?
_____
_____

b) Quem foi o responsável pela publicação da postagem?
_____
_____

2 De acordo com a postagem, escreva o nome do livro que trata de:

a) esperança: _____

b) relações de amor e respeito: _____

c) cuidado com o mundo: _____

d) sonhos: _____

e) amizade: _____

3 O texto postado no *blog* é destinado aos adultos ou às crianças? Explique sua resposta.
_____
_____
_____

UM TEXTO PUXA OUTRO

A leitura pode proporcionar momentos inesquecíveis em família, na escola e entre os amigos. Leia esta tirinha:

Quadrinho 1: ONTEM ACABOU A LUZ LÁ EM CASA! E AGORA?! ESTAMOS RALADOS!!

Quadrinho 2: ACENDEMOS UMA VELA... ...E MEU PAI PEGOU UM LIVRO!

Quadrinho 3: FOI A NOITE MAIS LEGAL DA MINHA VIDA!

ALEXANDRE BECK

Disponível em: https://tirasarmandinho.tumblr.com/post/109426579779/tirinha-original. Acesso em: 14 ago. 2022.

1 Por que Armandinho achou a noite mais legal da vida dele?

_____

2 Em sua opinião, a ação de ler era comum no dia a dia de Armandinho? Por quê?

_____

_____

3 Você gosta de ler com seus familiares ou de que eles leiam para você? Escreva sobre uma experiência de leitura que você já teve.

_____

_____

_____

_____

_____

_____

_____

ESTUDO DA LÍNGUA

Classificação das palavras quanto à posição da sílaba tônica

A posição da sílaba tônica determina a classificação da palavra.

A tonicidade é verificada do final para o início da palavra, ou seja, a sílaba tônica estará na antepenúltima, penúltima ou última sílaba.

Quando a sílaba tônica é a **antepenúltima**, a palavra é classificada como **proparoxítona**. Exemplos: **dú**vidas, **tí**tulos.

Se a sílaba tônica for a **penúltima**, a palavra será **paroxítona**. Exemplos: lei**tu**ra, **Ro**sa.

Caso a **última** sílaba da palavra seja a tônica, teremos uma palavra **oxítona**. Exemplos: infan**tis**, a**vó**.

> Sempre haverá uma sílaba tônica nas palavras de duas ou mais sílabas, não importando se estão acentuadas ou não. As sílabas da palavra pronunciadas com menor intensidade são chamadas **sílabas átonas**.

ATIVIDADES

1 Faça a correspondência escrevendo o número nos quadrinhos.

1. oxítona
2. paroxítona
3. proparoxítona

- ☐ útil
- ☐ vítima
- ☐ máquina
- ☐ anzol
- ☐ lápis
- ☐ família

- ☐ feliz
- ☐ fábrica
- ☐ cascavel
- ☐ açúcar
- ☐ chapéu
- ☐ médico

85

2 Classifique as palavras quanto à quantidade de sílabas e à tonicidade. Siga o modelo.

| ca | ne | ca | → trissílaba, paroxítona |

| pas | sa | ri | nho | → _____

| pre | pa | ra | ção | → _____

| in | ten | so | → _____

| qui | lo | mé | tri | co | → _____

| vo | gal | → _____

| min | gau | → _____

3 Escolha três palavras da atividade **2** e forme três frases com elas.

I. _____

II. _____

III. _____

4 Releia este trecho do texto **Os 30 melhores livros infantis de 2021**.

> Em *Guido Vai ao Zoológico* conhecemos Sofia, uma menininha adorável, e Guido, um ganso muito especial. Eles se conheceram em um parque e Sofia não quis mais desgrudar dele. Eles se tornaram melhores amigos.

Copie do texto uma palavra:

a) proparoxítona: _____

b) paroxítona: _____

c) oxítona: _____

ORTOGRAFIA

O e U em final de palavra

1 Leia a parlenda em voz alta.

> Viva eu,
> Viva tu,
> Viva o rabo do tatu!
>
> Domínio público.

a) Pinte de verde a palavra oxítona e de vermelho a palavra paroxítona.

rabo   tatu

b) Pronuncie as palavras em voz alta. O som final, representado pelas letras o e u, é semelhante ou diferente?

_____

_____

c) Leia mais estas palavras em voz alta. Contorne a sílaba tônica.

| estado | albinismo | bantu | zebu |
| chuchu | angu | vitiligo | modelo |

d) Agora, organize as palavras no quadro.

Palavras paroxítonas	Palavras oxítonas

87

2 Complete a cruzadinha. Fique atento às letras finais!

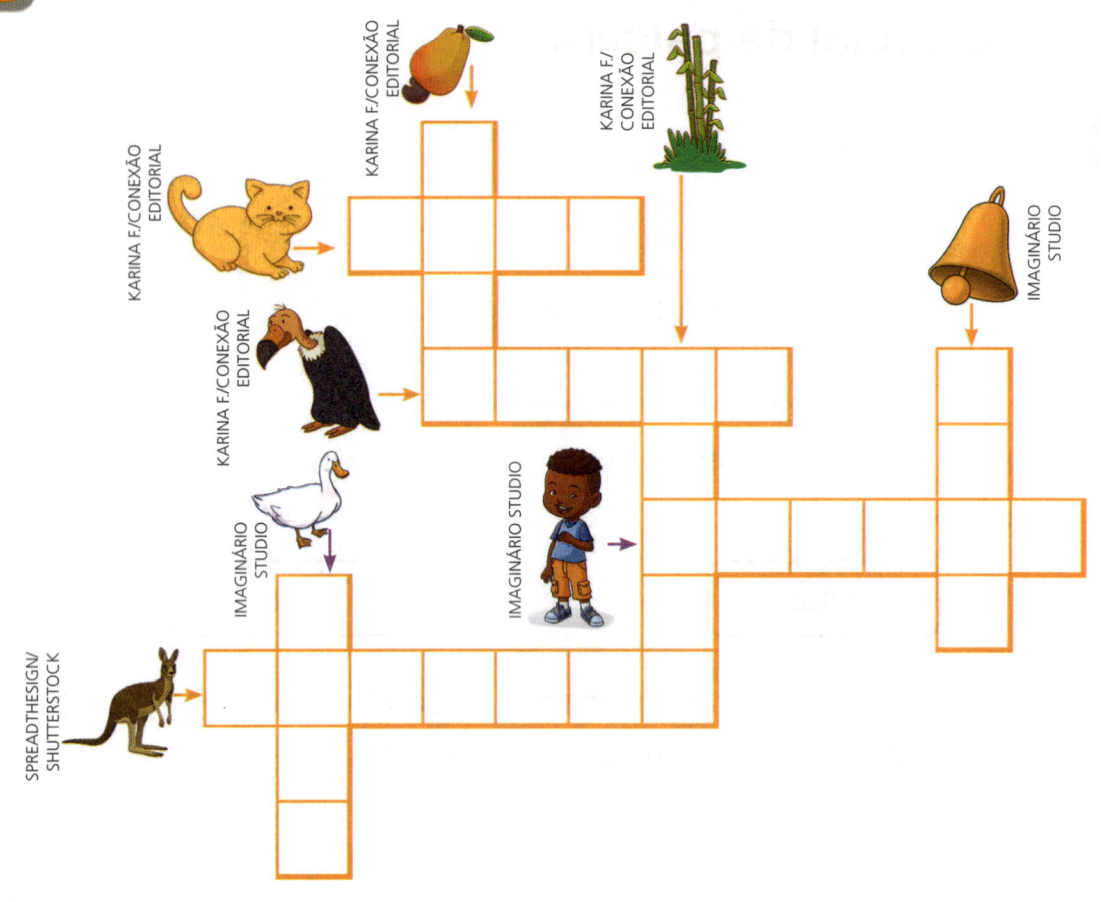

3 Organize as palavras da cruzadinha nos quadros, de acordo com a posição da sílaba tônica.

Palavras paroxítonas	Palavras oxítonas

No caso das palavras não acentuadas, a posição da sílaba tônica nos ajuda a saber se ela deve ser escrita com **O** ou **U**. Se a palavra for oxítona, deve ser escrita com a letra **U** no final. Se a sílaba tônica não estiver no final da palavra, escrevemos com **O** no final.

88

PRODUÇÃO DE TEXTO

Agora é com você, crie o próprio *blog*!

Preparação

Escolha o tema sobre o qual você deseja falar. O que você prefere: histórias em quadrinhos, fotografia, culinária, *games*, notícias, esportes...? Fique à vontade para falar sobre seu tema favorito.

Visite os *blogs* que você costuma acompanhar ou busque por páginas que sejam referência sobre o tema que você selecionou. Observe as imagens que são usadas neles, os assuntos postados, a linguagem usada para falar com o público etc. Faça anotações do que for vendo para que você possa inspirar-se posteriormente.

Produção

Defina a plataforma que hospedará seu *blog*. Os *sites* WordPress.com e Blogger.com são os mais populares; no entanto, existem diversas outras hospedagens.

Crie um nome atrativo para seu espaço.

Monte a aparência do seu *blog*: a cor, o tamanho e o tipo da fonte; uma foto para o perfil; uma imagem para plano de fundo... Use sem limites sua criatividade!

Faça um resumo do que virá a ser sua primeira postagem. Faça também um esboço das imagens que pretende usar.

Revisão

Peça a um colega que leia o conteúdo. Pergunte a ele o que acha, se está interessante, se a linguagem está acessível e original.

Entregue ao professor para que ele corrija a gramática e a ortografia. Mostre-lhe também as imagens que pretende usar e peça a ele que lhe ajude a organizar a postagem.

Passe o rascunho para seu *blog* e divulgue entre seus amigos! E não esqueça de visitar os *sites* deles também!

AMPLIANDO O VOCABULÁRIO

afago
(a-**fa**-go): gesto amável, de carinho.
Exemplo: *A leitura é um afago na hora de dormir.*

alicerce
(a-li-**cer**-ce): base, suporte, força.
Exemplo: *Os livros são alicerces que alimentam o futuro.*

bantu
(ban-**tu**): referente à lingua africana.

motricidade
(mo-tri-ci-**da**-de): referente a movimento.
Exercício: *Exercícios de caligrafia ajudam a melhorar a motricidade.*

potencialidade
(po-ten-ci-a-li-**da**-de): que apresenta potencial, talentos inatos.
Exemplo: *Desde criança mostrava potencialidade para o canto.*

recursos interativos
(re-**cur**-sos in-te-ra-**ti**-vos): que possibilitam algum tipo de interação com o usuário.
Exemplo: *O infográfico da tartaruga tem recursos interativos.*

sustento
(sus-**ten**-to): garantir a manutenção da vida, alimento.
Exemplo: *Ela trabalha muito para garantir o sustento da família.*

LEIA MAIS

Diário da Julieta 3: o *blog* de férias da Menina Maluquinha

Ziraldo. São Paulo: Globo, 2012.

Neste livro, a personagem Julieta criou um *blog* para contar aos amigos como ela aproveitou suas férias.

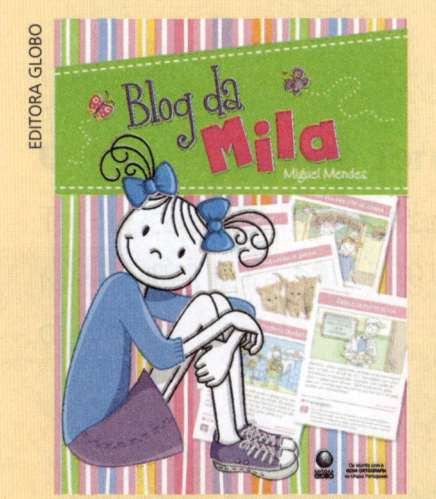

***Blog* da Mila**

Miguel Mendes. São Paulo: Globo, 2009.

A personagem Mila decidiu fazer um *blog* para dividir com os amigos da internet o amor que sente por seus animais de estimação.

Internet: informações demais... fique atento!

Jennifer Moore-Mallinos. Barueri, SP: Ciranda Cultural, 2013.

Neste livro, a personagem Karina aprende que há regras importantes para usar a internet com segurança.

91

LIÇÃO 6

O LEÃO E O RATINHO

VAMOS COMEÇAR!

Leia uma fábula recontada por Monteiro Lobato. Ela faz parte de uma coletânea denominada *Fábulas* e traz como personagens um leão e um ratinho.

Antes de iniciar a leitura, pense nas características que normalmente são atribuídas a esses dois animais. Imagine como eles se comportarão nessa história e conte aos colegas o que você pensou.

Leia o texto silenciosamente. Depois, acompanhe no livro a leitura que será feita pelo professor.

O leão e o ratinho

Ao sair do buraco viu-se um ratinho entre as patas do leão. Estacou, de pelos em pé, paralisado pelo terror. O leão, porém, não lhe fez mal nenhum.

– Segue em paz, ratinho; não tenhas medo de teu rei.

Dias depois o leão caiu numa rede. Urrou desesperadamente, debateu-se, mas quanto mais se agitava, mais preso no laço ficava. Atraído pelos urros, apareceu o ratinho.

– Amor com amor se paga – disse ele lá consigo e pôs-se a roer as cordas. Num instante conseguiu romper uma das malhas. E como a rede era das tais que rompida a primeira malha as outras se afrouxam, pôde o leão deslindar-se e fugir.

Mais vale paciência pequenina do que arrancos de leão.

Monteiro Lobato. *Fábulas*. São Paulo: Globo, 2008. [Livro eletrônico]

ESTUDO DO TEXTO

1 No texto lido, os dois personagens enfrentam situações difíceis.

a) Qual foi a situação enfrentada pelo ratinho?

_____

_____

b) E qual foi a situação enfrentada pelo leão?

_____

_____

2 Ao se ver entre as patas do leão, o que o ratinho deve ter pensado?

_____

_____

_____

3 O leão agiu conforme a expectativa do ratinho?

_____

_____

_____

4 Para libertar o leão, o ratinho usa para si mesmo uma justificativa: "Amor com amor se paga". O que ele quis dizer com isso?

_____

_____

_____

_____

5 O leão conseguiu libertar-se da rede porque:

☐ era o rei dos animais e nenhum caçador conseguiria detê-lo.

☐ debateu-se até arrebentar as malhas da rede.

☐ o ratinho o ajudou, roendo as cordas da rede.

6 Sublinhe a frase que mais se assemelha à fala do ratinho antes de libertar o leão: "Amor com amor se paga".

a) Quem com ferro fere, com ferro será ferido.

b) Quem faz o bem normalmente recebe o bem.

c) Quem usa a força despreza a razão.

> **Fábula** é uma história curta, que transmite um ensinamento. Em algumas fábulas, os personagens são seres humanos, mas, na maioria delas, são animais que falam e se comportam como humanos. Também é comum a fábula finalizar com um ensinamento, chamado de **moral da história**.

7 Além da frase do ratinho, a fábula traz um ensinamento:

> Mais vale paciência pequenina do que arrancos de leão.

a) A que personagem a expressão "paciência pequenina" se refere?

_____

b) Qual das frases a seguir corresponde aos "arrancos" do leão?

☐ "Dias depois o leão caiu numa rede".

☐ "[...] pôde o leão deslindar-se e fugir."

☐ "debateu-se, mas quanto mais se agitava mais preso no laço ficava."

95

8 O que o autor pretende mostrar com esse ensinamento?

_____
_____
_____
_____

9 Você já viveu alguma situação em que precisou de ajuda ou ajudou alguém em um momento difícil? Conte aos colegas como foi.

10 Releia esta frase da fábula:

> Estacou, **de pelos em pé**, paralisado pelo terror.

a) Na fábula, qual é o significado da expressão destacada?

_____

b) O autor da fábula escolheu o termo **estacou** para falar da reação do ratinho quando se viu entre as patas do leão. Reescreva a frase substituindo o termo **estacou** por outra palavra que tenha o mesmo sentido.

_____
_____

11 No texto, o autor faz referência a um dos personagens como **ratinho**, em vez de **rato**, para mostrar:

☐ o quanto o ratinho era pequeno em relação ao leão.

☐ o quanto o ratinho era forte em relação ao leão.

☐ que o ratinho teria chance de vencer o leão.

ESTUDO DA LÍNGUA

Acentuação das palavras oxítonas

Algumas palavras oxítonas são acentuadas e outras, não. Para saber quando pôr acento gráfico – agudo (´) ou circunflexo (^), é preciso conhecer algumas regras.

São acentuadas:

- as oxítonas terminadas em **a**, **e** e **o**, seguidas ou não de **s**. Exemplos:

> maracujá   atrás   filé   português   jiló   pivô

- as oxítonas terminadas em **em** e **ens**. Exemplos:

> parabéns   vintém   Belém   também

- as oxítonas terminadas em **-éis**, **-éu(s)** ou **-ói(s)**. Exemplos:

> anéis   papéis   chapéu(s)   herói(s)

ATIVIDADES

1 As palavras a seguir são todas oxítonas. Leia-as e observe as que são acentuadas e as que não são.

maracujá	café	gibi	avô	umbu
sofás	bebês	abacaxis	paletós	Jesus

Observando a vogal final das palavras do quadro, complete a frase.

Recebem acento gráfico agudo ou circunflexo as palavras oxítonas terminadas em _____.

97

2 Agora leia outras palavras oxítonas.

> vintém   parabéns   ninguém   Belém   armazéns

a) O que você pode concluir observando essas palavras?

_____

_____

b) Complete a regra de acentuação das oxítonas.

As palavras oxítonas terminadas em _____ são acentuadas.

3 Leia mais estas palavras oxítonas.

> anéis   papéis   troféu   chapéus   herói   anzóis

a) Copie as palavras acima e separe as sílabas.

_____

_____

b) Complete mais uma regra de acentuação das oxítonas.

As palavras oxítonas terminadas em _____

também são acentuadas.

4 Leia as palavras do quadro e acentue-as corretamente.

vintens	armazem	cajas	urubu
ali	cipo	vatapa	sutil
cafe	mocotos	rebu	pajes
jacare	caqui	ingles	pontapes
alguem	bambu	fregues	fuba

a) Contorne, no quadro, as palavras que você acentuou.

b) Complete a frase com as palavras do quadro.

Acentuamos as palavras oxítonas terminadas em:

-a e **-as**: _____;

-e e **-es**: _____;

-o e **-os**: _____;

-em e **-ens**: _____.

c) Leia a frase que você completou no item **b**.

5 Considere as palavras oxítonas **feroz** e **dominós**. Por que a primeira não é acentuada e a última recebeu acento?

_____

6 Pesquise e escreva palavras que atendam ao que se pede. Siga o modelo.

> duas palavras polissílabas e oxítonas – amendoim, parabéns

a) três palavras dissílabas e paroxítonas – _____

_____

b) duas palavras trissílabas e proparoxítonas – _____

_____

_____

c) três palavras monossílabas tônicas e acentuadas – _____

_____

_____

d) três palavras polissílabas e paroxítonas – _____

_____

_____

ORTOGRAFIA

Palavras com s e ss

Releia estas palavras escritas com **s** retiradas da fábula "O leão e o ratinho".

> sair   paralisado   segue   desesperadamente   preso   disse   conseguiu   estacou   pelos   consigo   instante   dias

A letra **s** apresenta sons diversos, que variam de acordo com a posição que ocupa na palavra.

A letra **s** terá som forte quando:
- estiver no começo de uma palavra. Exemplos: sair, segue.
- vier depois de uma consoante. Exemplos: conseguiu, consigo.
- no final de sílabas. Exemplos: estacou, dias.
- entre vogais, porém duplicada. Exemplo: disse.

A letra **s** terá o mesmo som da letra **z** quando estiver entre vogais. Exemplos: paralisado, preso.

ATIVIDADES

1 Pesquise em jornais, revistas e livros palavras para completar as colunas do quadro a seguir.

S inicial	SS	S em final de sílaba	S com som de Z

2 Complete as palavras com **ss** e reescreva-as, separando as sílabas.

se ___ enta _____   a ___ ustado _____

engana ___ e _____   estive ___ e _____

apre ___ ado _____   pa ___ ado _____

a ___ unto _____   so ___ egado _____

atrave ___ ar _____   gira ___ ol _____

3 Ordene as sílabas para formar palavras.

mas-a-do-sa _____   do-as-sa _____

pres-de-sa _____   zes-de-seis _____

sir-tos _____   são-cis-pro _____

sa-mis _____   so-pas _____

> Na separação das sílabas de uma palavra que tenha **ss**, cada **s** fica em uma sílaba diferente. Veja: a-mas-sa-do.

4 Complete as palavras com **s** ou **ss** e reescreva-as.

discur ___ o _____   a ___ altante _____

ama ___ ado _____   a ___ alto _____

con ___ ultório _____   conden ___ ar _____

per ___ istente _____   a ___ inar _____

inten ___ o _____   recur ___ o _____

conde ___ a _____   con ___ istência _____

5 Leia estas palavras, em que o **s** tem som de **z** e depois copie-as.

coisa _____   música _____

asa _____   avisar _____

mesa _____   pesadelo _____

besouro _____   roseira _____

camiseta _____   usar _____

pesado _____   piso _____

> A consoante **s** terá o mesmo som que a letra **z** quando estiver entre vogais. Por exemplo: raposa, parafuso, invisível.

101

UM TEXTO PUXA OUTRO

As fábulas podem ser apresentadas em versos, em quadrinhos, em desenhos, pinturas.

Observe a aquarela abaixo, feita pelo pintor russo Marc Chagall. Leia também a legenda que a acompanha e relacione-as.

Ilustração de Marc Chagall (1887-1985) para o livro *Fábulas de La Fontaine*, de Jean de La Fontaine. Publicado no Brasil com tradução de Mario Laranjeira (São Paulo: Estação Liberdade, 2004).

1 Converse com o professor e os colegas.

a) A aquarela retrata uma fábula. Que personagens você percebe nela?

b) O que você imagina que a raposa está fazendo?

c) Em sua opinião, qual é o papel do cão na história?

d) Que título você daria a essa aquarela?

2 Leia a fábula a seguir.

O galo e a raposa

Empoleirado em um alto galho de árvore, o galo estava de sentinela, vigiando o campo para ver se não havia perigo para as galinhas e os pintinhos que andavam à procura de minhocas. A raposa, que passava por ali, imaginou o maravilhoso almoço que teria se comesse um deles. Quando viu o galo de vigia, a raposa logo inventou uma história para enganá-lo.

— Amigo galo, pode ficar sossegado. Não precisa cantar para avisar as galinhas e os pintinhos que estou a chegar. Eu vim em paz.

O galo, desconfiado, perguntou:

— O que aconteceu? As raposas sempre foram nossas inimigas. Nossos amigos são os patos, os coelhos e os cachorros. Que é isso agora?

Mas a espertalhona continuou:

— Caro amigo, esse tempo já passou! Todos os bichos fizeram as pazes e estão a conviver em harmonia. Não somos mais inimigos. Para provar o que digo, desce daí para que eu te possa dar um grande abraço!

O que a raposa queria, na verdade, era impedir que o galo voasse para longe. Se ele descesse até onde ela estava, seria fácil apanhá-lo. Mas o galo não era tolo e estava desconfiado das intenções da raposa. Então, perguntou:

— Tens a certeza de que os bichos são todos amigos agora? Isso quer dizer que não tens mais medo dos cães de caça?

— Claro que não! – confirmou a raposa.

Então o galo disse:

— Ainda bem! Porque, daqui de cima estou a ver que vem aí uma matilha. Mas, não há perigo, não é mesmo?

— O quê?! – gritou a raposa, apavorada.

— São os teus amigos! Não precisas fugir, cara raposa.

Mas a raposa, tremendo de medo, fugiu, disparada, antes que os cães chegassem.

Disponível em: https://www.lapismagico.com/fabulas/o-galo-e-raposa/.
Acesso em: 14 ago. 2022.

- Marque um **X** na moral que achar mais adequada para essa fábula.

  ☐ Quem espera sempre alcança.

  ☐ Quem quer enganar, acaba sendo enganado.

  ☐ Mais vale um pássaro na mão, do que dois voando.

103

PRODUÇÃO DE TEXTO

Nesta lição, você aprendeu que fábula é um texto em que as personagens são em sua maioria animais que têm comportamentos humanos. Aprendeu também que toda fábula tem uma moral, ou seja, um ensinamento.

Agora você vai ler a fábula "A lebre e a tartaruga". Depois, reúna-se com um colega e criem juntos um novo final para essa fábula.

Preparação

Leiam a fábula.

A lebre e a tartaruga

A lebre estava se vangloriando de sua rapidez, perante os outros animais.

– Nunca perco de ninguém – dizia ela. – Desafio todos aqui a tomarem parte numa corrida comigo.

– Aceito o desafio! – disse a tartaruga, calmamente.

– Isso parece brincadeira. Poderei dançar à sua volta, por todo o caminho – respondeu a lebre.

– Guarde sua presunção até ver quem ganha – recomendou a tartaruga.

Ao sinal dado pelos outros animais, as duas partiram. A lebre saiu a toda velocidade. Mais adiante, para demonstrar seu desprezo pela rival, deitou-se e tirou uma soneca.

A tartaruga continuou avançando, com muita perseverança. Quando a lebre acordou, viu a tartaruga já pertinho do ponto final e não teve tempo de correr para chegar primeiro. A tartaruga, então, disse:

"Devagar se vai ao longe."

Lourdes Sirtoli de Oliveira (adap.). *O encanto das fábulas*. v. 11. Curitiba: Base Editorial, 2006.

104

Imaginem como seria se a lebre não tivesse dormido.
Que outro final essa fábula poderia ter?

Produção

Escrevam a continuação da fábula a partir do trecho abaixo. Não se esqueçam de inventar uma nova moral, pois será uma nova fábula.

> Ao sinal dado pelos outros animais, as duas partiram.

_____
_____
_____
_____
_____
_____
_____
_____
_____
_____
_____
_____
_____
_____

Revisão

Leiam novamente sua fábula e verifiquem se:
- o final ficou diferente do original;
- a moral está de acordo com a fábula que vocês criaram;
- há pontuação e letra maiúscula nos locais necessários.

AMPLIANDO O VOCABULÁRIO

arrancos

(ar-**ran**-cos): movimentos rápidos e violentos.
Exemplo: *Mais vale paciência pequenina do que arrancos de leão.*

deslindar

(des-lin-**dar**): desembaraçar.
Exemplo: *O leão conseguiu se deslindar da rede e fugir.*

malha

(**ma**-lha): 1. tecido produzido com fios que se entrelaçam.
Exemplo: *As malhas da rede eram muito grossas.*
2. tipo de tecido grosso.
Exemplo: *Quando está frio, uso malha grossa.*

perseverança

(per-se-ve-**ran**-ça): persistência, vontade.
Exemplo: *A tartaruga continuou a corrida com perseverança.*

presunção

(pre-sun-**ção**): confiança exagerada no próprio valor; arrogância.
Exemplo: *Guarde a sua presunção até ver quem vai ganhar.*

vangloriando

(van-glo-ri-**an**-do): enchendo-se de vaidade.
Exemplo: *A lebre, vangloriando-se, dizia ser a mais rápida!*

LEIA MAIS

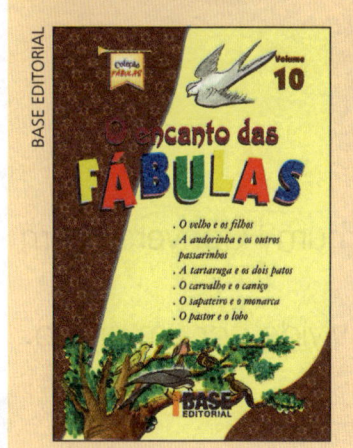

Coleção O encanto das fábulas

Lourdes Sirtoli Oliveira. Curitiba: Base Editorial, 2012.

A coleção é composta por 12 volumes que apresentam as mais conhecidas fábulas de Esopo e de La Fontaine.

O ratinho, o morango vermelho maduro e o grande urso esfomeado

Don e Audrey Wood. São Paulo: Brinque-Book, 2007.

Esta é uma divertida fábula sobre a esperteza dos pequenos contra a força dos gigantes. Um interlocutor oculto, mais esperto ainda que o rato que protagoniza a história, é quem a narra, ao mesmo tempo que convence o ratinho a dividir o morango com ele.

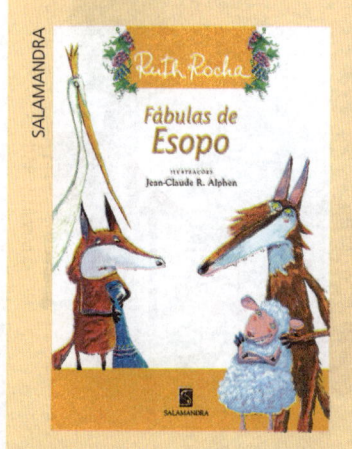

Fábulas de Esopo

Ruth Rocha. São Paulo: Salamandra, 2010.

Neste livro, Ruth Rocha reconta várias fábulas de Esopo. São histórias que fazem parte da tradição popular e que divertem, ensinam e fazem a imaginação voar.

LIÇÃO 7

VIDA DE PIOLHO

VAMOS COMEÇAR!

Pulga, piolho, pernilongo... O que eles têm em comum? Converse com o professor e com os colegas.

Agora, vamos ler uma história que conta o drama vivido por um piolho.

Vida de piolho

Era um piolho chamado Godofredo que gostava de filosofia . Ele vivia pensando nos dias, pensando nas coisas, pensando na vida. Pensava se valia a pena ser piolho, se fazia sentido morder os outros ou não. Morder ou não, eis a questão.

Godofredo era um piolho muito cabeça.

Ele ia pulando de criança em criança no pátio da escola e cada noite dormia numa cabeça, num travesseiro, numa cama, numa casa diferente.

Godofredo gostava daquela vida animada, ora aqui, ora ali, e tinha juízos bem claros a respeito das pessoas. Pra ele, elas eram como palito de picolé, como coluna de prédio, como perna de cadeira. Pessoas eram só partes de baixo que serviam para apoiar as melhores partes, que ficavam em cima.

E o mais incrível é que as partes de cima pensavam. E cada parte de cima, apoiada na de baixo, pensava de um jeito diferente.

108

Godofredo ouvia várias histórias por onde passava e aprendia tudo muito rápido. Até que um dia, depois de muito pensar, chegou a uma conclusão: "Mas esta vida de morder a cabeça das pessoas não me dá outra opção!" E resolveu viver uma vida diferente.

Acontece que Godofredo só tinha a parte de cima. Para viver uma vida de pessoa, ele ia precisar de uma parte de baixo. E começou a procurar uma parte de baixo que combinasse com ele.

Alfinete? Não. Alfinete fura.

Palito de fósforo? Queima.

Bola de gude? Ele ia ficar muito gordo e podia rolar até ladeira abaixo.

Só depois de procurar uma boa parte de baixo pelos quatro cantos do mundo, Godofredo descobriu que a melhor parte de baixo era a que ele já tinha. A cabeça das cabeças.

A partir de então, passou a ver as pessoas como elas são: cabeça, corpo, membros e piolho.

E ficou muito orgulhoso dele próprio.

Adriana Falcão. *Sete histórias para contar*. São Paulo: Salamandra, 2013.

ESTUDO DO TEXTO

"Ser ou não ser, eis a questão" é uma frase muito conhecida da peça de teatro *Hamlet*, escrita por William Shakespeare. Nascido na Inglaterra, em 1564, ele, que também era poeta, é até hoje bastante famoso.

1 Quem era Godofredo? Do que ele gostava?

_____

_____

2 Releia o primeiro parágrafo do texto e copie a frase que resume o drama vivido por Godofredo.

_____

_____

3 O que a autora quis dizer com "Godofredo era um piolho muito cabeça"?

_____

_____

4 Numere a sequência dos fatos de acordo com a história.

☐ Ele ouvia várias histórias por onde passava e aprendia muito rápido.

☐ Passou a ver as pessoas como elas são.

☐ Ele vivia pensando nos dias, nas coisas e na vida.

☐ Ele ia pulando de criança em criança no pátio da escola.

☐ Pensava se valia a pena ser piolho.

5 Por que a vida de Godofredo era animada?

_____

_____

6 Qual era a opinião de Godofredo sobre as pessoas? Marque com um **X** as alternativas corretas.

☐ Elas eram como palito de picolé.

☐ Que as pessoas pensavam da mesma forma.

☐ Que as pessoas eram só a parte de baixo.

☐ Que elas eram como coluna de prédio.

7 De que Godofredo precisava para viver uma vida de pessoa?

_____

8 Depois de tanto procurar, o que ele descobriu?

_____

_____

O piolho (*Pediculus capitis*, nome científico) é um inseto que existe no mundo todo, independentemente de clima e região, e infesta gente de qualquer idade e classe social.

9 Complete as frases com as palavras do vocabulário do texto.

a) Assisti a um espetáculo _____.

b) Não tenho _____ a respeito do jogo de ontem.

c) Tive de fazer uma _____ entre sanduíche de atum e de frango.

ESTUDO DA LÍNGUA

Sinais de pontuação

Os sinais de pontuação são sinais gráficos que aparecem nos textos. Vamos falar de alguns deles. Observe os exemplos. Você verá que existem tipos de frases que podem ser identificadas pelo sinal de pontuação que aparece nelas.

> Godofredo era um piolho muito cabeça.

O **ponto-final** (.) indica o final de uma frase.

> Alfinete?
> Palito de fósforo?
> Bola de gude?

O **ponto de interrogação** (?) indica que é uma pergunta, dúvida ou questionamento.

> Mas esta vida de morder a cabeça das pessoas não me dá outra opção!

O **ponto de exclamação** (!) indica sentimentos de admiração, surpresa, alegria, dor etc.

Tipos de frase

Você viu que os sinais de pontuação nos auxiliam a reproduzir alguns recursos da fala na escrita. Um deles é a entonação da voz durante a leitura, determinada pela pontuação usada no final da frase.

As frases podem ser classificadas como:
- **declarativas** (afirmativas ou negativas): quando declaram afirmativa ou negativamente uma ideia. São encerradas com ponto-final. Exemplos:
  Godofredo gostava de filosofia. (frase declarativa afirmativa)
  Godofredo não tinha uma parte de baixo. (frase declarativa negativa)

> As frases declarativas negativas podem ser formadas com palavras que indiquem negação, como **nunca, jamais, nunca mais** etc.

- **interrogativas**: determinam uma pergunta e, naturalmente, encerram com um ponto de interrogação.
  Exemplo: *Morder ou não morder?*
- **exclamativas**: indicam que algo foi dito com admiração, surpresa, medo, alegria etc.
  Exemplo: *Que piolho orgulhoso!*

ATIVIDADES

1 Reescreva as frases abaixo substituindo os códigos pelos sinais correspondentes.

> ■ ponto-final
> ▲ ponto de interrogação
> ● ponto de exclamação

a) Quem descobriu o Brasil ▲

_____

b) Que bom que você veio ●

_____

c) Meu pai chegou ontem ■

_____

2 Escreva no ☐ o sinal de pontuação mais adequado para cada frase.

a) Quando ele voltará de viagem ☐

b) Como o dia está bonito ☐

c) Anita gosta de biscoito ☐

d) Que tarefa difícil ☐

e) Quantos anos você tem ☐

3 Agora, escreva uma frase usando cada sinal de pontuação.

. _____

! _____

? _____

4 Observe a ilustração e crie uma frase afirmativa, uma frase negativa, uma exclamativa e uma frase interrogativa.

_____
_____
_____
_____

5 Transforme as frases afirmativas em frases exclamativas. Veja o modelo.

> O circo estava lotado. → **Como o circo estava lotado!**

a) A festa está animada.

_____

b) A maçã está saborosa.

_____

6 Escreva perguntas para estas respostas usando a palavra **onde**. Observe o modelo.

> Eu comprei laranjas na feira. → **Onde** você comprou laranjas?

a) Os livros estão na estante.

_____

b) Mariana guardou a chave no chaveiro.

_____

ORTOGRAFIA

Palavras com l e lh

Leia estas palavras: piolho, melhores, orgulhoso.
O que essas palavras têm em comum?

ATIVIDADES

1 Leia as palavras e copie-as nos quadros certos.

saleiro   cabeleireiro   prateleira   tabuleiro   hospitaleiro
conselheiro   barulheira   trabalheira   artilheiro   palheiro

Palavras com L	Palavras com LH

2 Complete as frases com as palavras dos quadros.

a) mola – molha

Renato _____ as plantas do jardim.

A _____ da cadeira do papai está quebrada.

b) afilado – afilhado

O padrinho deu um presente ao _____.

Camila tem o nariz _____.

115

UM TEXTO PUXA OUTRO

Leia alguns mitos e verdades sobre o piolho.

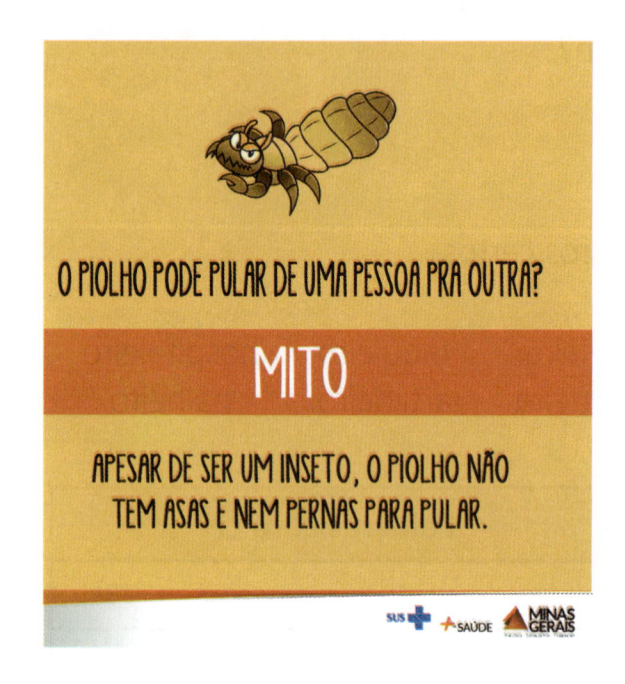

O PIOLHO PODE PULAR DE UMA PESSOA PRA OUTRA?

MITO

APESAR DE SER UM INSETO, O PIOLHO NÃO TEM ASAS E NEM PERNAS PARA PULAR.

PENTE-FINO É A MELHOR FORMA PARA ELIMINAR OS PIOLHOS?

VERDADE

O USO DE XAMPUS ESPECÍFICOS E OUTROS MEDICAMENTOS SÃO COMUNS, MAS O PENTE-FINO DIARIAMENTE É A MELHOR FORMA PARA DAR FIM AOS PIOLHOS.

O VERÃO FAVORECE A INFESTAÇÃO DE PIOLHOS?

VERDADE

A TEMPERATURA ELEVADA ACELERA A ECLOSÃO DOS OVOS E O CICLO DE VIDA DO INSETO.

SÓ AS CRIANÇAS PEGAM PIOLHO?

MITO

NINGUÉM ESTÁ IMUNE CRIANÇAS, ADULTOS OU IDOSOS PODEM SER INFESTADOS.

BLOG SAÚDE MG/SECRETARIA DE ESTADO DE SAÚDE DE MINAS GERAIS

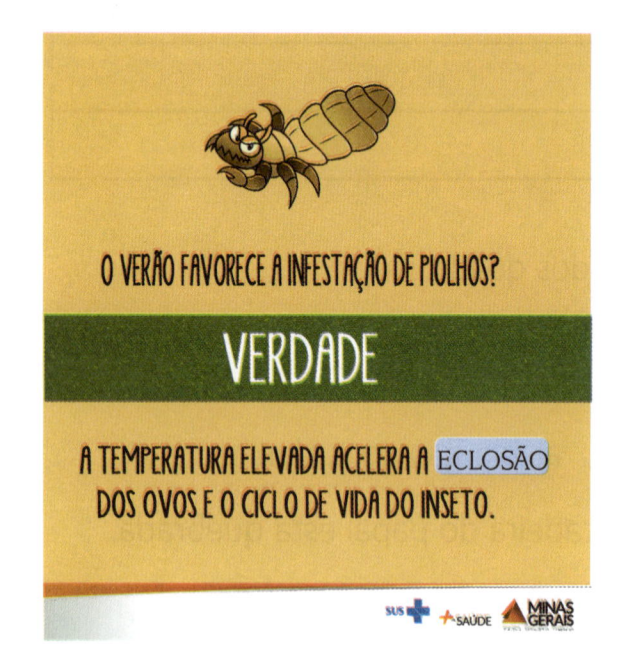

Blog Saúde MG. Disponível em: https://bit.ly/2KJbd7H. Acesso em: 15 maio 2022.

116

1 Escreva **V** para as informações verdadeiras e **F** para as falsas.

☐ O piolho não tem asas para voar.

☐ Os idosos não pegam piolho.

☐ O piolho pode pular de uma pessoa para outra.

☐ O uso diário de pente-fino é a melhor forma de eliminar os piolhos.

☐ Tanto as crianças quanto os adultos e idosos podem pegar piolho.

☐ No verão, a infestação de piolhos é menor.

2 Os piolhos provocam uma doença chamada **pediculose**. Faça uma pesquisa sobre isso em livros, enciclopédias, na internet. Escreva algumas informações interessantes que você descobrir. Depois, conte aos colegas.

_____

_____

_____

_____

_____

_____

_____

_____

PRODUÇÃO DE TEXTO

Imagine que agora você é um inseto. Relate como seria sua vida de inseto.

Preparação

Primeiro, pense nas seguintes questões:
- Qual inseto você seria?
- É um inseto verdadeiro ou imaginário?
- Como é esse inseto? Quais as características físicas dele (tamanho, cor, quantidade de pernas, asas, presença ou não de carapaça, de antenas etc.)?
- Onde vive esse inseto?
- O que pensa esse inseto sobre a vida que leva?

Produção

Nas linhas a seguir, faça um rascunho com as respostas dessas perguntas. Se precisar, principalmente se seu inseto for verdadeiro e não imaginário, pesquise outras informações para criar sua personagem-inseto.

Ao escrever seu texto, seja criativo, solte a imaginação, pense, reflita, filosofe. Lembre-se, também, de organizá-lo em parágrafos.

Pense, por exemplo, se você gosta ou não de sua vida de inseto. E qual seria o final da sua história.

Dê um título à sua história.

Revisão

Pronto o rascunho, troque com um colega para ele ler seu texto e você o dele. Conversem a respeito e melhorem o que for preciso para o bom entendimento do leitor. Por exemplo, os fatos estão encadeados? A história tem começo, meio e fim?

Se tiver dúvida sobre a escrita correta de alguma palavra, consulte o professor ou um dicionário.

Passe o texto a limpo em uma folha de papel e entregue-o ao professor. Ele fará a última correção.

AMPLIANDO O VOCABULÁRIO

eclosão

(e-clo-**são**): desenvolvimento, crescimento.
Exemplo: *O calor acelera a eclosão dos ovos.*

filosofia

(fi-lo-so-**fi**-a): área de estudo que pensa sobre a origem e o sentido da nossa existência; que também busca conhecimento e sabedoria sobre fatos da vida.
Exemplo: *Godofredo gostava de filosofia.*

imune

(i-**mu**-ne): livre.
Exemplo: *Ninguém está imune aos piolhos.*

incrível

(in-**crí**-vel): fantástico, inacreditável.
Exemplo: *Ele achou incrível saber que as pessoas pensavam!*

juízos

(ju-**í**-zos): 1. ideias, opiniões.
2. juizado que julga causas.
Exemplo: *O empregado entrou em juízo com uma causa contra a empresa.*

opção

(op-**ção**): escolha.
Exemplo: *Morder cabeças não lhe dava outra opção.*

William Shakespeare

Nasceu em 1564 na Inglaterra. Foi poeta, dramaturgo e ator e é considerado o maior escritor inglês e dramaturgo de grande influência em todo mundo. Entre suas obras mais relevantes, estão *Romeu e Julieta* e *Hamlet*.

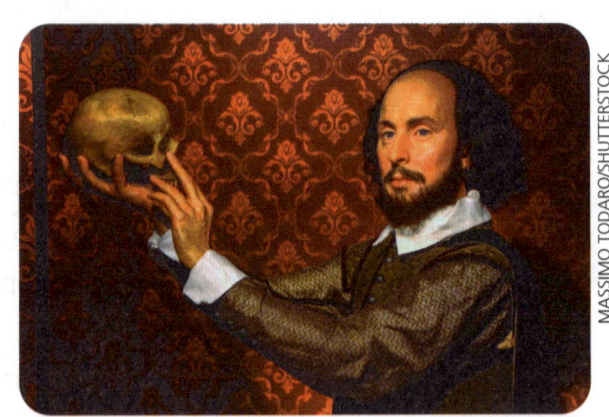

Estátua de cera de William Shakespeare, na qual o autor representa uma cena de sua obra *Hamlet*. Museu Madame Tussauds, em Berlim, Alemanha.

LEIA MAIS

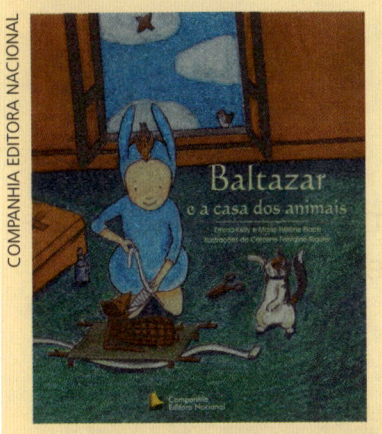

Baltazar e a casa dos animais

Emma Kelly e Marie-Hélène Place. São Paulo: Companhia Editora Nacional, 2005.

Depois de ver fotos da viagem de tia Amélia, Baltazar descobre que quer ser zoólogo. Ao cuidar de alguns animais que vivem em sua casa, ele aprende algo muito importante sobre a natureza.

Sete histórias para contar

Adriana Falcão. São Paulo: Salamandra, 2013.

Deste livro, você já conheceu a história do piolho que gostava de filosofia. Além dessa, há também a história de uma menina que só pensava em daqui a pouco, uma menina que sentia uma dor azul, outra que gostava de qualquer coisa, um menino que achava errado o antes e o depois não se encontrarem nunca, uns pais que um dia resolveram fazer tudo ao contrário e uma menina que tinha uma grande amiga invisível.

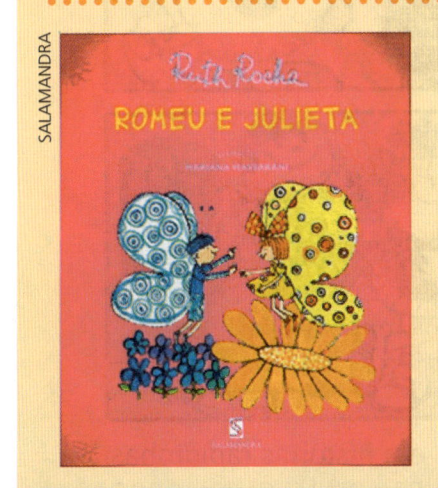

Romeu e Julieta

Ruth Rocha. São Paulo: Salamandra, 2009.

Havia um reino colorido e cheio de flores. Nele, todas as coisas eram separadas por cores. Mas, não era possível avançar as barreiras das cores para conhecer todas as belezuras existentes. Será que Romeu e Julieta, com suas belas asas de cores diferentes, vão conseguir seguir essa regra?

121

LIÇÃO 8

O COLECIONADOR

VAMOS COMEÇAR!

Você já ouviu falar do Menino Maluquinho? É um personagem alegre e sapeca criado pelo cartunista Ziraldo. Vamos conhecê-lo?

Leia a história em quadrinhos a seguir.

O COLECIONADOR

ESSA É MINHA COLEÇÃO DE SOLDADINHOS... ESTA É DE SELOS... AQUELA É DE CORUJINHAS!

CARACA! QUE MANEIRO

POR QUE VOCÊ NÃO FAZ COMO EU?

ISSO AÍ! VOU COMEÇAR UMA COLEÇÃO AGORA MESMO!

UMA COLEÇÃO DE AMIGOS!

ZIRALDO

Ziraldo. *Curta O Menino Maluquinho*: em histórias rapidinhas. São Paulo: Globo, 2006.

ESTUDO DO TEXTO

Histórias em quadrinhos, como o nome já diz, são histórias contadas quadro a quadro, em sequência, por meio de imagens. Podem ser acompanhadas de texto escrito. Para dar voz aos personagens, usam-se balões. Existem balões de vários tipos: de fala, de pensamento, de ruído, de imaginação, de grito etc.

1 Você leu uma história em quadrinhos do Menino Maluquinho. Sobre o que trata essa história?

_____

2 Marque com um **X** quais são as coleções de Junim, o amigo do Menino Maluquinho.

☐ figurinhas   ☐ soldadinhos

☐ selos   ☐ corujinhas

3 O Menino Maluquinho também resolveu fazer uma coleção. O que ele decidiu colecionar?

_____

4 Responda por escrito. Depois, converse com o professor e os colegas.

a) Por que você acha que o Menino Maluquinho tem esse nome?

_____

_____

b) Você tem alguma coleção? Você gostaria de ter uma coleção como a de Junim ou do Menino Maluquinho?

_____

_____

5 Pinte o tipo de balão que aparece na história do Menino Maluquinho.

| fala | pensamento | grito | cochicho |

6 Ligue cada frase ao balão a que ela pertence.

"Mãe! Cadê meu tênis?!"

"Preciso falar baixo, porque vou te contar um segredo..."

"Por favor, onde fica a farmácia?"

"Não posso esquecer de fazer a lição de casa!"

As **gírias** são palavras e expressões utilizadas na linguagem informal, características de alguns grupos de pessoas.

7 Na história em quadrinhos que você leu, o Menino Maluquinho usa gírias. Releia o quadrinho.

Converse com o professor e com os colegas sobre as questões a seguir.

a) Em que situação você poderia dizer: CARACA! QUE MANEIRO! ?

_____

_____

b) Você conhece ou costuma utilizar alguma gíria? Qual?

_____

_____

8 Pergunte a alguns adultos da sua escola quais gírias eles costumavam usar quando eram mais novos e seus significados. Depois, preencha o quadro a seguir.

Gíria	Significado

O Brasil é um país muito grande e existem várias gírias regionais, ou seja, que são características de alguns lugares. Veja a seguir alguns exemplos de gírias regionais:

Gíria	Significado	Lugar
mina	menina	São Paulo
aperreado	impaciente	Ceará
guria	menina	Rio Grande do Sul
toró	chuva forte	Manaus
cheiro	beijo	Pernambuco
patola	preguiçoso	Minas Gerais

9 Reescreva as frases a seguir, substituindo as gírias destacadas pelos significados que você leu no quadro acima.

a) Venha aqui me dar um **cheiro**.

_____

_____

b) Desde ontem cai esse **toró**.

_____

_____

c) João está **aperreado** para saber o resultado da prova.

_____

_____

d) **Guria**, cuidado com o degrau!

_____

_____

ESTUDO DA LÍNGUA

Substantivos

Observe estas palavras.

> corujinhas   Ziraldo   selos   Menino Maluquinho

Substantivo é a palavra que designa o nome dos seres.

As palavras **corujinhas**, **Ziraldo**, **selos** e **Menino Maluquinho** são substantivos.

Substantivos comuns e substantivos próprios

Os **substantivos comuns** são aqueles que dão nome a todos os seres da mesma espécie. Eles são escritos com a letra inicial minúscula. Exemplos: corujinhas, selos.
Os **substantivos próprios** são aqueles que dão nome a um só ser da mesma espécie. Eles são escritos com letra inicial maiúscula. Exemplos: Ziraldo, Menino Maluquinho.

ATIVIDADES

1 Complete com substantivos próprios. Lembre-se de usar letra maiúscula.

Eu me chamo _____.
Moro na cidade de _____,
no estado de _____.
O nome da minha rua é _____.
O nome da minha escola é _____.

2 Leia o poema e contorne os substantivos comuns.

Biografia

Com o lápis do pião
o menino escreve sobre
o chão
a história da sua vida.

Poemas com Sol e sons. São Paulo: Melhoramentos, 2011.

3 Sublinhe os substantivos próprios e contorne os substantivos comuns destas frases.

a) Meu amigo chama-se Frederico.

b) André comprou chocolate para Juliana.

c) Fui de carro para Salvador.

d) Sapeca é um gatinho esperto.

e) Carla ganhou o estojo e Bebeto, os lápis.

4 Classifique as palavras a seguir, colocando o número **1** para os substantivos **próprios** e o número **2** para os substantivos **comuns**.

☐ rosa   ☐ Marte   ☐ Brasil
☐ Vítor   ☐ porta   ☐ Ana
☐ caneta   ☐ Itália   ☐ criança
☐ cinzeiro   ☐ Bahia   ☐ Rodrigo
☐ Rosa   ☐ príncipe   ☐ melancia

128

5 Escreva nomes próprios de:

pessoas	animais

6 Escreva nomes comuns de:

brinquedos	alimentos

ORTOGRAFIA
Uso de lh, nh, ch

Leia o poema "Maluquices do H" e represente-o com um desenho.

Maluquices do H

O H é letra incrível,
muda tudo de repente.
Onde ele se intromete,
tudo fica diferente...

Se você vem pra cá,
vamos juntos tomar chá.

Se o sono aparece,
vem um sonho e se adormece.

Se sai galo no poleiro,
pousa no galho ligeiro.

Se a velha quiser ler,
vai a vela acender.

Se na fila está a avó,
vira filha, veja só!

Se da bolha ela escapar,
uma bola vai virar.

Se o bicho perde o H,
com um bico vai ficar.

Hoje com H se fala,
sem H é uma falha.
Hora escrita sem H,
ora bolas vai virar.

O H é letra incrível,
muda tudo de repente.

Onde ele se intromete,
tudo fica diferente...

Pedro Bandeira. *Mais respeito, eu sou criança!* São Paulo: Moderna, 2009. p. 58.

1. Quais foram as palavras do poema modificadas pela letra **h**? Complete.

cá – _____   bola – _____

fila – _____   galo – _____

sono – _____   bico – _____

2. Complete as palavras com **nh**, **ch** ou **lh**. Depois, escreva-as.

se ___ ora _____

i ___ a _____

___ uveiro _____

i ___ ame _____

a ___ eio _____

a ___ ado _____

ama ___ ã _____

pirra ___ o _____

espe ___ o _____

gan ___ o _____

pe ___ asco _____

se ___ a _____

3. Pesquise em revistas e jornais e copie palavras que apresentem cada um dos grupos de letras abaixo.

a) nh: _____

b) lh: _____

c) ch: _____

131

UM TEXTO PUXA OUTRO

Leia um trecho desta notícia que conta a história de Domingos Adão Linhari, um colecionador de sapatos.

Para cada ocasião especial, um sapato...

Com cerca de 130 pares, o bauruense Domingos Adão Linhari, de 60 anos, usa os calçados como forma de celebrar datas e eventos importantes

Por Larissa Bastos
15/05/2022 – 05h00

A parede do quarto de Domingos Adão Linhari, de 60 anos, é tomada por mais de uma centena de sapatos. A coleção conta com os mais diversos modelos e também as mais variadas cores. E, para o bauruense, os calçados são muito mais do que meros itens. Representam, na verdade, todo o simbolismo das ocasiões em que ele os calçou, justamente para celebrar aquele momento especial.

Morador do Núcleo José Regino, Adão conta que a paixão por sapatos vem desde a infância. Porém, foi a partir de 2014 que ele começou a colecionar e adquirir um par para cada ocasião especial, escolhendo um vermelho e preto para marcar sua entrevista ao Jornal da Cidade/JCNET.

[...]

Larissa Bastos. Para cada ocasião especial, um sapato... JCNET, 15 maio 2022. https://www.jcnet.com.br/noticias/geral/2022/05/801664-para-cada-ocasiao-especial--um-sapato.html. Acesso em: 30 ago. 2022.

1. Agora, responda.

   a) O que o senhor de 60 anos colecionava?
   _____

   b) Quantos itens tinha sua coleção?
   _____
   _____

   c) Quando ele começou a coleção?
   _____

2. Considerando a história do senhor com os sapatos, por que ele começou a colecionar esse item?
   _____
   _____
   _____
   _____

3. No dia da entrevista para o jornal, qual item foi acrescentado à coleção?
   _____

4. A coleção do senhor Domingos se parece mais com a do Menino Maluquinho ou com a de Junim, seu amigo?
   _____
   _____
   _____
   _____
   _____
   _____

PRODUÇÃO DE TEXTO

Vamos completar os balões da tirinha? Reúna-se com um colega.

Preparação

A mãe do Menino Maluquinho o proibiu de comer bobagens e o mandou se alimentar somente de frutas no lanche da escola. No dia seguinte, ele não levou cadernos nem livros na mochila. Por que será?

_____

_____

Observem as ilustrações da tirinha abaixo.

Ziraldo. *As melhores tiradas do Menino Maluquinho.*
São Paulo: Melhoramentos, 2000.

a) Como está a mesa do Menino Maluquinho no primeiro quadrinho?

_____

_____

b) No segundo quadrinho, qual parece ser a reação da professora?

_____

_____

c) O que você observa no terceiro quadrinho?

_____

_____

Produção

Agora, completem as falas de cada tirinha.

Revisão

Entreguem a tirinha para o professor ler. Se for necessário, façam as correções que ele indicar.

Troquem os livros com os de outras duplas e leiam a história que seus colegas criaram.

135

AMPLIANDO O VOCABULÁRIO

bauruense

(bau-ru-**en**-se): nascido na cidade de Bauru, no interior de São Paulo.
Exemplo: *Domingos Adão é bauruense.*

caraca

(ca-**ra**-ca): gíria que expressa espanto, admiração.
Exemplo: *Caraca! Quantos chaveiros!*

celebrar

(ce-le-**brar**): comemorar, festejar.
Exemplo: *É muito bom celebrar o aniversário!*

coleção

(co-le-**ção**): conjunto de objetos da mesma espécie.
Exemplo: *O Maluquinho faz coleção de amigos.*

intromete

(in-tro-**me**-te): meter-se em algo que não lhe diz respeito.
Exemplo: *Você sempre se intromete nas minhas decisões!*

maneiro

(ma-**nei**-ro): gíria que significa interessante, bacana, legal, ótimo.
Exemplo: *Seu tênis novo é muito maneiro!*

LEIA MAIS

A panela do Menino Maluquinho

Ziraldo. São Paulo: Globo, 2010.

Neste livro, há histórias em quadrinhos, curiosidades e piadas. Além disso, conta como foi que o Menino Maluquinho e o Bocão conheceram os amigos Junim, Lúcio e Sugiro.

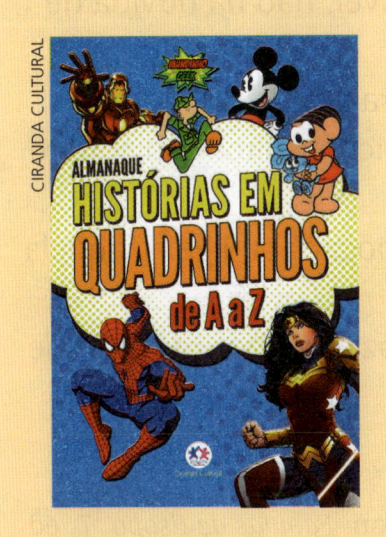

Almanaque Histórias em quadrinhos de A a Z

Aurea Gil. São Paulo: Ciranda Cultural, 2017.

Este almanaque apresenta muitos personagens do universo das histórias em quadrinhos.

O livro do Rex

Ivan Zigg. São Paulo: Nova Fronteira, 2013.

Neste livro, há uma coletânea de quadrinhos do personagem Rex, um dinossauro muito simpático, inteligente, cheio de ideias e bem-humorado.

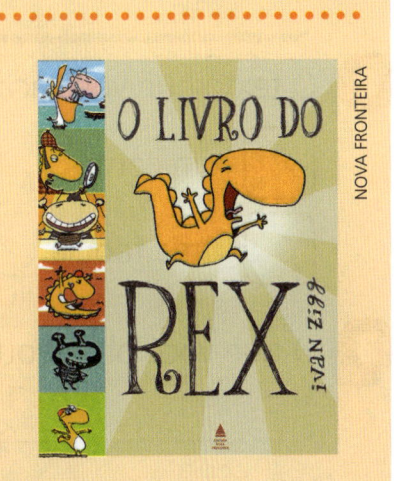

ORGANIZANDO CONHECIMENTOS

1 Leia o texto a seguir.

A raposa e o corvo

Um dia um corvo estava pousado no galho de uma árvore com um pedaço de queijo no bico quando passou uma raposa. Vendo o corvo com o queijo, a raposa logo começou a matutar um jeito de se apoderar do queijo. Com esta ideia na cabeça, foi para debaixo da árvore, olhou para cima e disse:

— Que pássaro magnífico avisto nessa árvore! Que beleza estonteante! Que cores maravilhosas! Será que ele tem uma voz suave para combinar com tanta beleza! Se tiver, não há dúvida de que deve ser proclamado.

Ouvindo aquilo o corvo ficou que era pura vaidade. Para mostrar à raposa que sabia cantar, abriu o bico e soltou um sonoro "Cróóó!".

O queijo veio abaixo, claro, e a raposa abocanhou ligeiro aquela delícia, dizendo:

— Olhe, meu senhor, estou vendo que voz o senhor tem. O que não tem é inteligência!

Moral: cuidado com quem muito elogia.

Bernard Higton. *Fábulas de Esopo*. 7. ed.
São Paulo: Companhia das Letrinhas, 1994.

2 O texto que você acabou de ler é:

☐ um conto.   ☐ uma história em quadrinhos.
☐ uma fábula.   ☐ um texto informativo.

3 O que você observou para responder à atividade **2**?

_____
_____

4 Classifique estas palavras do texto quanto à posição da sílaba tônica.

raposa – _____ corvo – _____

árvore – _____ maravilhosas – _____

pássaro – _____ magnífico – _____

dúvida – _____ senhor – _____

moral – _____ abocanhou – _____

5 Copie do texto "A raposa e o corvo":

a) uma palavra oxítona acentuada: _____

b) três palavras em que o **s** tem som de **z**: _____

c) quatro palavras com **ss**: _____

_____

6 Complete as palavras com **lh** ou **li**.

ga____o   o____ou   maravi____osas

____geiro   de____cioso   inte____gência

7 Releia este trecho do texto "A raposa e o corvo".

> — Que pássaro magnífico avisto nessa árvore! Que beleza estonteante! Que cores maravilhosas! Será que ele tem uma voz suave para combinar com tanta beleza!

Marque **X** na informação verdadeira.

☐ Nesse trecho, há uma frase interrogativa.

☐ As frases desse trecho são todas exclamativas.

☐ Há nesse trecho frases declarativas afirmativas e negativas.

139

8 O que você observou para responder à atividade **7**?

_____

_____

_____

9 Leia o texto a seguir.

Continho

Era uma vez um menino triste, magro e barrigudinho, do sertão de Pernambuco. Na soalheira danada de meio-dia, ele estava sentado na poeira do caminho, imaginando bobagem, quando passou um gordo vigário a cavalo:

— Você aí, menino, para onde vai esta estrada?

— Ela não vai, não; nós é que vamos nela.

— Engraçadinho duma figa! Como você se chama?

— Eu não me chamo, não; os outros é que me chamam de Zé.

Paulo Mendes Campos e outros. *Crônicas*. São Paulo: Ática, 1989. (Para gostar de ler, 1.)

Copie do texto "Continho":

a) uma frase interrogativa.

_____

_____

b) uma frase exclamativa.

_____

c) uma frase declarativa afirmativa.

_____

d) uma frase declarativa negativa.

_____

e) dois substantivos próprios:

_____

f) dois substantivos comuns:

_____

10 Leia as frases do quadro.

> **Esta** é a casa na qual minha avó morou.
> Aqui **está** a casa onde minha avó morou.

Agora, responda.

a) Qual é a diferença, na escrita, entre as palavras destacadas?

_____

b) Como as palavras destacadas se classificam em relação à posição de sílaba tônica?

_____

c) Justifique a acentuação das palavras **está** e **avó**.

_____

LIÇÃO 9

QUEM LÊ? JÚLIA MARTINS

VAMOS COMEÇAR!

Júlia Martins faz parte de um clube de leitores de livros infantis e juvenis chamado A Taba. Ela tem apenas 8 anos de idade, mas já possui uma estante de livros e boas dicas para compartilhar com outros leitores.

Leia um trecho da entrevista de A Taba com a menina e sua mãe, Débora Martins, que é professora e também adora ler.

A Taba: Débora, quando você era criança, costumava ler ou ouvir histórias de livros? Quem fazia os livros chegarem até você?

Débora: Sim, quando era criança costumava ler e ouvir histórias. Os livros chegavam pelo meu pai, que comprava de vendedores que, naquela época, iam de casa em casa oferecer os exemplares. Outro dia ainda comentava com uma amiga que o meu gosto pela leitura nasceu do cuidado que meu pai teve de trazer livros para casa.

A Taba: Júlia, por que você lê?

Júlia: Porque a literatura é importante para o crescimento de toda criança. Eu gosto de ler e me sinto bem lendo.

A Taba: Qual livro que mais gostou de ler? O que fez você gostar tanto dele?

Júlia: O livro que mais gostei de ler foi *O BGA*. Primeiro porque começa como se fosse um gigante que quer raptar a menina.

142

Mas durante a história, que ainda estou lendo, percebo que é como se o gigante fosse um pai para Sofia. E também gostei porque o gigante tem sentimentos pela menina.

A Taba: Como e onde é seu momento de leitura?

Júlia: Gosto de ler à noite, antes de dormir, deitada na minha cama com uma lanterna ou no sofá com cobertas.

[...]

A Taba: Quais dicas vocês podem dar para quem quer despertar o interesse das crianças pela leitura?

Júlia: Não é só a capa que representa o livro todo. Às vezes a capa não é bacana, mas a história é bem interessante. Folheie o livro, leia a quarta capa para saber se vai gostar da leitura. Se você gostar do livro, compre.

Débora: Ler para as crianças diariamente, ter livros disponíveis em casa, ir à livraria, escolher livros de interesse delas pensando na riqueza literária, sem ter como critério apenas a idade.

Denise Guilherme. Quem lê? Júlia Martins. *A Taba*, 24 maio 2016.
Disponível em: https://blog.ataba.com.br/quem-le-julia-martins-ataba/. Acesso em: 30 ago. 2022.

ESTUDO DO TEXTO

1 Quem é o entrevistador?

_____

2 Quem são as entrevistadas?

_____

Uma **entrevista** consiste em uma conversa entre duas ou mais pessoas, onde alguém pergunta e o(s) outro(s) responde(m). Esse tipo de publicação tem o propósito de informar, seja a fim de formar uma opinião ou entreter o leitor ou espectador.

3 Qual é o tema da entrevista?

_____

_____

4 Marque um **X** nas informações verdadeiras.

☐ Júlia lê porque a mãe lhe disse que é importante.

☐ Julia lê porque acredita que a leitura é importante para o desenvolvimento de toda criança.

☐ A mãe de Júlia começou a ler por causa da filha.

☐ O avô de Júlia sempre comprava livros e por isso as histórias sempre estiveram presentes na vida de Débora.

☐ O horário que Júlia prefere para ler é à noite, antes de dormir.

☐ Débora é mãe e professora de Júlia.

☐ Ler para as crianças e ter livros disponíveis em casa são duas das maneiras que Débora cita para despertar o interesse das crianças pela leitura.

> Quando publicadas, as entrevistas não devem apresentar alteração, ou seja, o que está escrito deve equivaler exatamente às respostas dadas pelo entrevistado. É comum notarmos que, apesar da formalidade, normalmente, há marcas de uma conversa mais informal, expostas entre parênteses, como (risos), (pensa um pouco antes de continuar) ou (toma um pouco de água). Por meio dessas inferências, é possível deduzir a reação dos envolvidos na conversa.

144

5 Com base na entrevista lida e nas características apresentadas, marque a alternativa correta.

☐ As entrevistadas ficaram à vontade para falar sobre o que quisessem.

☐ A entrevista foi objetiva, com poucas perguntas e respostas diretas.

☐ As perguntas do entrevistador não foram suficientemente claras.

☐ A transcrição da entrevista está cheia de inferências.

6 Releia a resposta de Débora a respeito de seu contato com os livros na infância.

> [...] quando era criança costumava ler e ouvir histórias. Os livros chegavam pelo meu pai que comprava de vendedores que, naquela época, iam de casa em casa oferecer os exemplares. Outro dia ainda comentava com uma amiga que o meu gosto pela leitura nasceu do cuidado que meu pai teve de trazer livros para casa.

Agora, responda.

a) A palavra **exemplares** substitui que palavra?

_____

b) Que outras palavras podem substituir o termo **exemplares**? Contorne-as.

    prêmios   volumes   edições   qualidades

7 Conte aos colegas suas experiências com a leitura.

a) Que livro você mais gostou de ler?

b) Você tem o hábito de ler em casa? E as pessoas de sua família?

145

ESTUDO DA LÍNGUA

Gênero do substantivo

Os substantivos podem ser classificados como **femininos** ou **masculinos**.

Antes de substantivo feminino, usamos **a**, **as**, **uma** ou **umas**.

uma amiga   a menina

Antes de substantivo masculino, usamos **o**, **os**, **um** ou **uns**.

os livros   um gigante

ATIVIDADES

1 Complete o quadro com as formas feminina e masculina dos substantivos.

Substantivos femininos	Substantivos masculinos
princesa	
	senador
	freguês
dama	
	bode

2 Marque um **X** na alternativa que apresenta apenas palavras femininas.

☐ Heroína, alemã, montanha, ferida, gengibre, caneca.

☐ Tabela, cozinheira, rainha, autora, ladra, janela.

☐ Rádio, cabeça, unha, regime, bagunça, helicóptero.

3 Reescreva as frases passando-as para o masculino.

a) A égua e a vaca corriam pelo pasto.
_____

b) A tia do meu primo é minha mãe.
_____

c) A ginasta voltou para casa com o troféu.
_____

d) A leoa é dócil e carinhosa.
_____

e) A cadela fugiu da casa da vizinha.
_____

4 Agora passe as frases para o feminino.

a) O presidente pronunciou-se pela televisão.
_____

b) O poeta lançará seu quarto livro durante a feira.
_____

c) O senhor de quem falo é meu avô, pai do meu tio João.
_____

d) O neném mal completou 1 ano e já sabe andar!
_____

e) O carneiro pastava tranquilamente.
_____

ORTOGRAFIA

Palavras com c e qu

Leia em voz alta as palavras do quadro.

> **ca**feína   **ce**noura   **ci**gana   **co**lheita   **cu**idado

Note que a letra **c** apresenta sons que variam de acordo com a vogal que a acompanha:

- diante de **a**, **o** e **u**, a letra **c** terá o mesmo som da letra **k**;
- diante das letras **e** e **i**, o **c** terá o mesmo som da letra **s**.

Leia agora estas palavras.

> **qua**drado   **quo**tizar   es**que**leto   cin**quen**ta   **qui**ntal   tran**qui**lo

Nas palavras **quadrado**, **quotizar**, **cinquenta** e **tranquilo**, as duas letras do encontro **qu** são pronunciadas.

Nas palavras **esqueleto** e **quintal**, a união **qu** tem o mesmo som da letra **k**.

ATIVIDADES

1 Escreva as palavras que dão nome às imagens.

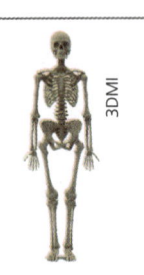

_____   _____   _____

_____   _____   _____

148

2 Complete as frases com as palavras do quadro.

> chocalhos   piquenique   Carmem   couro
> quindins   cima   camiseta   leque   caseiro   delicioso
> cama   líquido   cinto   biscoitos   querida

a) Tia _____ deixou o _____ em _____ da minha _____.

b) Minha _____ nova tem estampa de _____.

c) Minha _____ irmã me presenteou com um _____ de _____.

d) Fizemos um _____ no domingo, eu e meus pais. Levamos um _____ pão _____, _____, _____ e muito _____.

3 Ordene as sílabas e escreva as palavras que você formou.

vo	cu	ti	ra
ri	to	qui	pe
quei	va	ro
des	brir	co

ja	ru	co
a	bo	qui
qui	mó	es
re	dor	cor

Agora, responda:

a) Nas palavras formadas, a letra **c** e o encontro **qu** têm o mesmo som? Que som é esse?

_____

b) Escreva três exemplos nos quais a letra **c** tenha som da letra **s**.

_____

149

UM TEXTO PUXA OUTRO

Leia a sinopse de um livro.

A carta de Moussa

Roser Rimbau
Tradução: Nina Rizzi

Pode um povoado inteiro caber numa única folha de papel? Nesta obra encantadora, que surpreende pela sensibilidade, vamos conhecer o lugar onde Moussa vive, sob o olhar de Mariama e o de muitas outras crianças de Thille Boubacar, no Senegal.

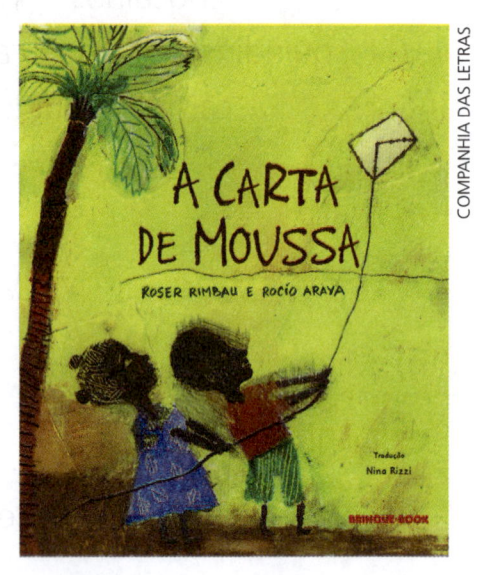

Um pedaço de papel que veio com o vento dá a Moussa a ideia de fazer um desenho para o pai que está distante vivendo em outro país, então o menino quer ajudá-lo a se lembrar das coisas, pessoas e lugares de seu povoado. Mas como ele pode desenhar o "tum-tump!" que se ouve quando o cuscuz está sendo preparado ou o "nhec-nhec!" da polia do poço? E o sabor da pimenta que ele adora?

Moussa tem tanto para contar..., mas seu povoado não cabe em uma única folha de papel. A prosa poética singela de Roser Rimbau ganha ainda mais vida com as ilustrações de Rocío Araya, que teve o delicioso desafio de integrar ao seu trabalho recortes de desenhos feitos pelas crianças do distrito de Thille Boubacar.

Em 2018, *A carta de Moussa* foi selecionado para figurar o Catálogo White Ravens da Biblioteca Internacional da Juventude, de Munique, Alemanha.

Indicado para leitores a partir de 6 anos.

Editora Companhia das Letras. Catálogo. Disponível em: https://bit.ly/3ADOW2U.
Acesso em: 30 ago. 2022.

As **sinopses** são textos que podem acompanhar a capa de um livro, um DVD, um cartaz de filme, de peça de teatro, resumindo seu conteúdo para que as pessoas tenham uma ideia geral sobre a obra e se interessem em conhecê-la.

ATIVIDADES

1 Complete com informações sobre o livro.

Título: _____

Autora: _____

Tradutora: _____

Ilustradora: _____

2 Em sua opinião, por que o autor começa o texto com uma pergunta para os leitores?

_____

_____

_____

3 A sinopse revela onde o personagem principal vive. Que lugar é esse?

_____

4 Qual é a ideia do personagem Moussa que dá origem ao livro?

_____

_____

5 Para que público esse livro é indicado?

_____

6 Você ficou com vontade de ler o livro ou de assistir ao filme? Por quê?

_____

_____

_____

151

PRODUÇÃO DE TEXTO

No início desta lição, você leu uma entrevista. Júlia e Débora falaram da relação que elas têm com a leitura e a importância desse hábito em suas vidas.

Agora é sua vez de criar um texto sobre um livro ou autor para expor em um cartaz na sala de aula. Pode ser uma indicação literária ou uma entrevista.

Preparação

Escolha sobre o que você vai falar:
- seu livro preferido;
- um autor de quem você é fã;
- um autor de sua cidade;
- um escritor que você conhece e quer que outras pessoas conheçam.

Decida agora o tipo de texto que você fará. Analise algumas ideias:
- Para falar de seu livro preferido, é interessante que a indicação literária contenha um resumo da história, um pouco sobre o autor e por que (de acordo com sua experiência) as pessoas deveriam conhecer a obra.
- Se você tiver a oportunidade de entrevistar um escritor (seja da sua cidade, seja um conhecido seu), peça-lhe que fale um pouco sobre seu processo de criação, sua influência, inspiração etc. Também é interessante saber que expectativas ele tinha quando lançou sua primeira obra e comente a respeito de diferenças que ele mesmo nota em sua escrita.

Produção

Realize pesquisas para obter e transmitir a maior quantidade possível de informações relevantes aos leitores do seu texto.

Consulte *sites* especializados, acompanhe notícias sobre o assunto e leia textos de conteúdo semelhante para que tenha ideia do que e como abordar seu assunto.

Monte a veiculação de seu texto: em forma de cartaz. Ilustre e/ou faça uma colagem com imagens que envolvam o tema e o assunto. Antes de passar seu texto para o cartaz, faça testes de onde e como as imagens, o texto e as informações adicionais ficarão dispostos no material a ser exibido. Faça um rascunho no espaço abaixo.

Revisão

Releia seu texto. Depois, entregue-o para que um colega leia e comente. Faça o mesmo com o texto dele.

Aceite as observações que achar pertinentes e esteja atento à gramática e à ortografia. Peça a ajuda do professor em caso de dúvida.

Ao montar e ilustrar seu cartaz, exponha-o na sala ou na escola com os trabalhos dos outros colegas.

AMPLIANDO O VOCABULÁRIO

cafeína

(ca-fe-í-na): substância existente no café, chá, guaraná etc.
Exemplo: *Eu pensava que a cafeína só existia no café!*

polia

(po-**li**-a): roda de madeira ou ferro, fixa em um eixo rotatório, acionada por corda ou correia.
Exemplo: *Como fazer o menino ouvir o barulho da polia do poço?*

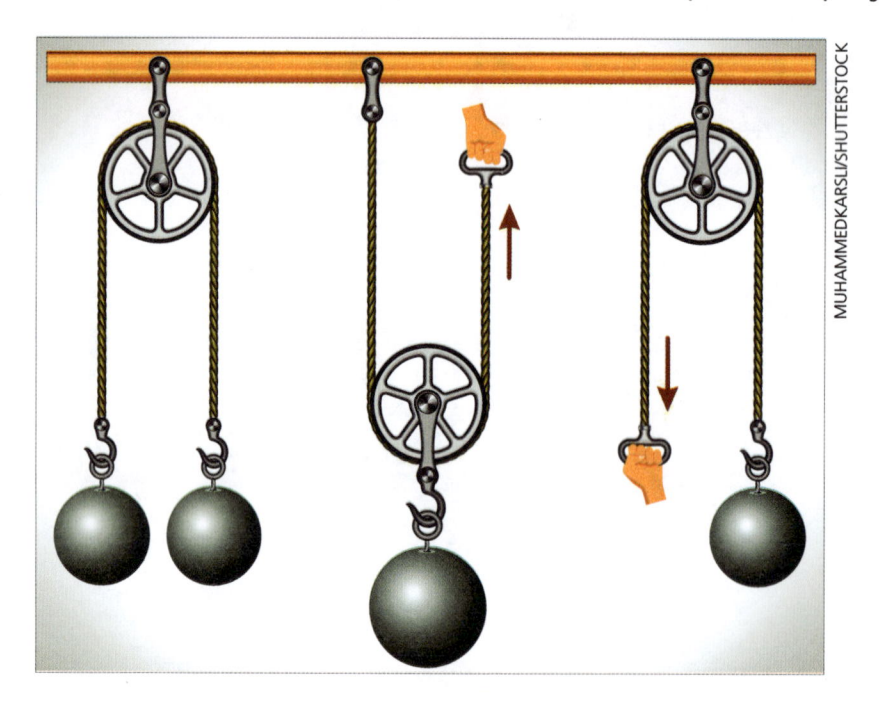

povoado

(po-vo-**a**-do): aldeia, vilarejo.
Exemplo: *Pode um povoado caber numa folha de papel?*

singela

(sin-**ge**-la): simples, sem complicação.
Exemplo: *A fala singela da autora a aproxima dos leitores.*

LEIA MAIS

O BGA: O bom gigante amigo

Roald Dahl. São Paulo: Editora 34, 2016.

Neste livro, a personagem Sofia vai parar na Terra dos Gigantes e recebe a ajuda do BGA para enfrentar os gigantes assustadores.

A dama negra

Michel Morpurgo. São Paulo: Companhia das Letras, 2004.

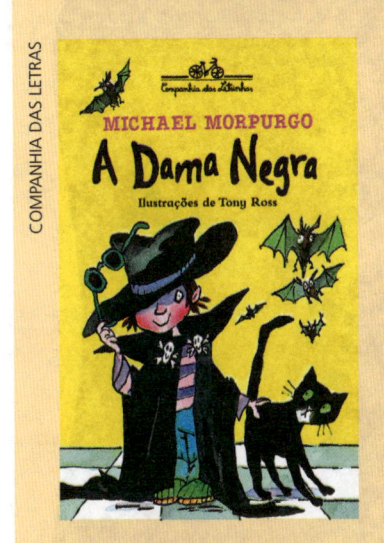

Billy se muda para uma nova e espaçosa casa e não precisará mais dividir o quarto com sua irmã, Rula. A vizinha do novo endereço da família é uma misteriosa senhora, conhecida no bairro como Dama Negra, e dona de um gato preto chamado Rambo. Mimigo, o gato de Rula, vive fugindo para o quintal da vizinha. Billy, em suas buscas por Mimigo, acaba descobrindo algo em comum com a Dama Negra e aí começa uma grande aventura.

Pandolfo Bereba

Eva Funari. São Paulo: Moderna, 2010.

No reino da Bestolândia, nem tudo é perfeito. Muito menos seu príncipe, Pandolfo Bereba, que é um sujeito cheio de manias. Uma delas é fazer listas com os defeitos dos outros. Um dia, ele encontra uma pessoa que lhe diz uma grande verdade.

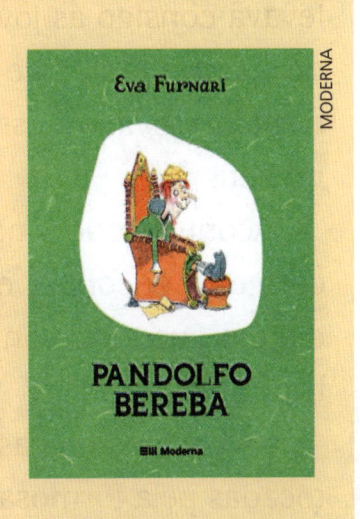

LIÇÃO 10 — A LENDA DA VITÓRIA-RÉGIA

VAMOS COMEÇAR!

Você conhece a vitória-régia? Leia uma lenda indígena sobre a origem dessa planta.

A vitória-régia

Há muitos e muitos anos, em certas noites, a Lua, chamada Jaci pelos índios tupis-guaranis, aparecia com todo o seu esplendor para iluminar uma aldeia na Amazônia brasileira.

Sabia-se que Jaci, quando se escondia atrás das montanhas, sempre levava consigo as jovens de sua preferência e as transformava em estrelas no céu.

Acontece que uma moça da tribo, a guerreira Naiá, vivia sonhando com esse encontro, e seus olhos brilhavam quando pensava no grande dia em que seria convidada pela deusa Jaci. No entanto, os anciões da tribo alertavam:

— Naiá, as moças são transformadas em estrelas depois que são tocadas pela formosa deusa. Não tem volta, Naiá!

Mas quem conseguia convencê-la? Naiá queria porque queria ser levada pela Lua, para ser estrela no céu e brilhar ao lado de Jaci!

Nas noites claras da floresta, ou quando apenas um pedacinho da Lua aparecia no céu, a índia sonhadora corria e implorava pelo toque de Jaci, sem nunca a alcançar.

Naiá subia nos galhos mais altos das árvores ou pernoitava no cume dos morros silenciosos, na esperança de ascender ao céu pelo convite da deusa.

Mas Jaci sumia na imensidão do céu, para depois ressurgir linda, redonda e brilhante. Enquanto isso, a jovem índia apenas definhava. Naiá já não sentia fome nem sede. E não havia pajé que a curasse do seu imenso desejo.

Uma noite, tendo parado para descansar após longa caminhada, Naiá sentou-se à beira de um lago. Viu, então, na superfície, a imagem da deusa: a Lua estava bem ali, ao seu alcance, refletida no espelho d'água. Naiá, pensando que a Lua descera para se banhar, mergulhou fundo ao seu encontro e se afogou.

Jaci, comovida com tão intenso desejo, quis recompensar o sacrifício da bela jovem índia e resolveu metamorfoseá-la em uma estrela diferente de todas aquelas que brilhavam no céu.

Assim, Naiá foi transformada na "Estrela das Águas", única e majestosa, que é a vitória-régia ou mumuru, como é chamada pelos índios tupis-guaranis.

Conta-se que, por isso, as flores perfumadas e brancas da vitória--régia só se abrem à noite: uma homenagem à Jaci, a deusa Lua. E, ao nascer do Sol, as flores ficam rosadas, como o rosto da índia guerreira Naiá.

Conta pra mim: A lenda da vitória-régia. Brasília: MEC/Sealf, 2020. Disponível em: http://alfabetizacao.mec.gov.br/images/conta-pra-mim/livros/versao_digital/vitoria_regia_versao_digital.pdf. Acesso em: 30 ago. 2022.

ESTUDO DO TEXTO

1 Como se chamam textos como esse que você leu?

_____

2 Quais são as personagens principais da história?

_____

> O texto que você leu é uma **lenda indígena**. As lendas indígenas brasileiras são narrativas ligadas à vida nas florestas, onde moravam e ainda moram os habitantes mais antigos do território onde hoje é o Brasil. Essas lendas, que são transmitidas oralmente de geração para geração, procuram explicar o surgimento do ser humano, da noite, das estrelas, das flores mais vistosas e de muitos outros elementos da natureza.

3 Qual era o maior desejo de Naiá?

_____

_____

4 Por que Naiá achou que realizaria seu maior sonho?

_____

_____

5 Naiá realizou seu sonho? Justifique sua resposta. Ouça também as respostas de seus colegas.

_____

_____

_____

6 Marque com um **X** a afirmação verdadeira sobre o texto.

☐ A jovem indígena é a narradora da história.

☐ A jovem indígena era muito bondosa e rica.

☐ A jovem indígena tinha um grande sonho.

7 Marque com um **X** a resposta correta.

a) Jaci é:

☐ o nome de uma tribo.   ☐ um nome dado à deusa Lua.

☐ uma jovem indígena.   ☐ o nome de uma planta.

b) Vitória-régia é:

☐ um perfume doce.   ☐ uma planta.

☐ a Lua.   ☐ uma ilha.

8 Reescreva as frases do texto substituindo as palavras em destaque por outras que tenham significado semelhante.

a) Mas quem conseguia convencê-la? Naiá **queria porque queria** ser levada pela Lua, para ser estrela no céu e brilhar ao lado de Jaci!

_____

b) Assim, Naiá foi transformada na "Estrela das Águas", única e **majestosa**, que é a vitória-régia ou mumuru, como é chamada pelos índios tupis-guaranis.

_____

c) Mas Jaci **sumia** na imensidão do céu, para depois ressurgir linda, redonda e brilhante. Enquanto isso, a jovem índia apenas definhava.

_____

159

ESTUDO DA LÍNGUA

Número do substantivo

Os substantivos podem estar no singular ou no plural.
- **singular**: indica apenas um ser ou um grupo de seres. Exemplos: rio, vitória-régia, estrela.
- **plural**: indica dois ou mais seres ou grupos de seres. Exemplos: aldeias, cunhãs, moças.

Para flexionar um substantivo para o plural, geralmente acrescentamos **-s** no final da palavra. Veja: cabel**o** → cabel**os**; aldei**a** → aldei**as**; águ**a** → águ**as**.

Mas existem outras maneiras de formar o plural, uma vez que nem todas as palavras terminam em vogal.

- substantivos terminados em **-r**, **-s** ou **-z** formam o plural com o acréscimo de **-es**. Exemplos: repórte**r** → repórter**es**, paí**s** → paíse**s**, lu**z** → luz**es**.

- substantivos terminados em **-al**, **-el**, **-il**, **-ol** ou **-ul** terão a última letra substituída por **-is**. Exemplos: anima**l** → anima**is**; carrete**l** → carreté**is**; faro**l** → faró**is**.

- substantivos terminados em **-il** formam o plural de acordo com a tonicidade:
  – substantivos oxítonos seguem a regra anterior, na qual a letra **-l** é substituída por **-s**: canti**l** → canti**s**; genti**l** → genti**s**.
  – substantivos paroxítonos substituem a terminação **-il** por **-eis**: répti**l** → répt**eis**; fúti**l** → fút**eis**.

- substantivos terminados em **-m** terão a última letra substituída por **-ns**. Exemplos: ite**m** → ite**ns**, nuve**m** → nuve**ns**

- substantivos que terminam com **-ão** podem formar o plural de três maneiras:
  – com o acréscimo de **-s**: gr**ão** → gr**ãos**, m**ão** → m**ãos**
  – substituindo **-ão** por **-ões**: mel**ão** → mel**ões**, avi**ão** → avi**ões**
  – substituindo **-ão** por **-ães**: alem**ão** → alem**ães**, c**ão** → c**ães**

Existem também as palavras que apresentam sempre a mesma forma, tanto no singular quanto no plural.

Exemplos: **o** lápis ⟶ **os** lápis, **o** pires ⟶ **os** pires.

Da mesma maneira, há palavras que só aceitam a forma plural: pêsames, óculos, núpcias etc.

ATIVIDADES

1. Você sabia que os indígenas constroem os próprios instrumentos de trabalho e também seus brinquedos? Veja alguns brinquedos e coloque ⬚S de singular ou ⬚P de plural nos quadrinhos.

petecas   pião   bilboquê   dobraduras

2. Escreva no plural o nome das imagens abaixo.

_____   _____

_____   _____

161

3 Reescreva as frases passando para o plural as palavras em destaque. Faça as adaptações necessárias.

a) Para fazer o **trabalho**, precisei de um **atlas**.

_____

b) A decoração do **ambiente** foi feita por uma equipe.

_____

c) Derrubei um **bombom** da caixa.

_____

4 Complete as frases com as palavras do quadro flexionando-as para o plural.

> balão – cão – hambúrguer – mês – capital

a) A vizinha sempre passeia com seus dois _____.

b) As _____ do Rio de Janeiro e de São Paulo têm o mesmo nome dos estados.

c) Na festa de Letícia, havia vários _____ de gás hélio.

d) Estou com tanta fome que vou comer uns três _____!

e) Há _____ que venho me preparando para essa viagem.

5 Escreva na forma singular.

cachecóis – _____   roedores – _____

moscas – _____   mensagens – _____

galinhas – _____   foliões – _____

fuzis – _____   carrosséis – _____

ORTOGRAFIA

Palavras com g e gu

Leia o texto a seguir. Preste atenção ao som da letra **g** nas palavras destacadas.

> Sabia-se que Jaci, quando se escondia atrás das montanhas, sempre levava **consigo** as jovens de sua preferência e as transformava em estrelas no céu.
>
> Acontece que uma moça da tribo, a **guerreira** Naiá, vivia sonhando com esse encontro, e seus olhos brilhavam quando pensava no grande dia em que seria convidada pela deusa Jaci.
>
> Observe que a letra **g** tem o mesmo som nas palavras destacadas, mas a sílaba com a letra **g** não tem a mesma grafia: con-si-**go**, **guer**-rei-ra.

Observe que a letra **g** tem o mesmo som nas palavras destacadas, mas a sílaba com a letra **g** não tem a mesma grafia: a-mi-**ga**, con-se-**gui**-do.

Leia em voz alta mais estes exemplos.

> **ga**linha – **gue**pardo – en**gui**a – **go**rila – can**gu**ru

O encontro **gu** tem o mesmo som da letra **g** quando vem seguido de **e** e **i** e quando o **u** não é pronunciado.

ATIVIDADES

1 Leia estas palavras. Depois, copie-as e separe as sílabas.

amiguinha

franguinho

português

ninguém

guerreiro

formigueiro

163

2 Escreva o nome de cada figura.

_____   _____   _____

_____   _____

3 Complete estas palavras com **ga**, **gue**, **gui**, **go**, **gu** e depois copie-as.

che____da   fi____ra   san____

_____   _____   _____

fran____   fi____ira   ____sado

_____   _____   _____

al____m   ami____   ____tarra

_____   _____   _____

fo____te   ____ndaste   man____ira

_____   _____   _____

tri____   ____veta   jo____

_____   _____   _____

164

UM TEXTO PUXA OUTRO

Leia esta tirinha chamada "Lendas gaúchas", que foi criada para um evento de lançamento de livros do Armandinho em Caxias do Sul:

O CRIADOR PERGUNTOU ÀS ÁRVORES COMO ELAS QUERIAM SER

ALGUMAS PEDIRAM FRUTOS SABOROSOS... OUTRAS MADEIRA DE BOA QUALIDADE!

O UMBU PEDIU FOLHAS GRANDES, PARA SERVIR DE DESCANSO AOS VIAJANTES...

...E UMA MADEIRA QUE FOSSE BEM FRACA!

MAS POR QUE UMA MADEIRA FRACA?

FOI O QUE O CRIADOR QUIS SABER!

E O QUE O UMBU DISSE?

PARA QUE NINGUÉM FAÇA DE MIM UMA CRUZ PARA O MARTÍRIO DE UM JUSTO

PELA SOMBRA QUE OFERECE, O UMBU É UM SÍMBOLO DA HOSPITALIDADE GAÚCHA!

ÊPA...

TEM FORMIGAS SUBINDO NA SUA PERNA!

NÃO SE PREOCUPE... SÃO MINHAS AMIGAS!

VAMOS, BAIO?

ALEXANDRE BECK

Alexandre Beck. Armandinho. Lendas gaúchas. Disponível em: https://tirasarmandinho.tumblr.com/post/127665501039/lendas-ga%C3%BAchas-esta-semana-armandinho-em-caxias. Acesso em: 30 ago. 2022.

As **lendas** podem ser transmitidas de diferentes formas, entre elas a transmissão oral é a mais comum. Na tirinha, essa situação está sendo representada através da narrativa que o Negrinho do Pastoreio conta para Armandinho.

1 O que a tirinha nos apresenta?

_____

_____

2 Releia a tirinha e registre.

a) Qual acontecimento dá início à lenda?

_____

_____

b) Qual era o desejo da árvore umbu?

☐ frutos saborosos ☐ madeiras de qualidade

☐ folhas grandes ☐ madeira fraca

c) Por que Armandinho não entende o desejo dessa árvore?

_____

_____

_____

d) Armandinho foi o único que não entendeu o desejo da árvore? Explique sua resposta.

_____

_____

e) Qual a justificativa do umbu para seu pedido?

_____
_____
_____

3 O que a lenda explica?

☐ O motivo de existirem árvores na Região Sul do país.

☐ O motivo do umbu ter se tornado símbolo da hospitalidade gaúcha.

4 Releia a tirinha e observe a imagem de um umbu.

ELYSANGELA FREITAS/SHUTTERSTOCK

Por que o umbu se tornou símbolo da hospitalidade gaúcha?

_____
_____
_____

167

PRODUÇÃO DE TEXTO

Nesta lição, você conheceu duas lendas. Agora, chegou a hora de conhecer mais lendas do folclore brasileiro.

Preparação

Converse com seus familiares sobre as lendas do folclore brasileiro e veja se algum deles conhece alguma.

Escolha uma lenda e pesquise sobre ela. Essa pesquisa pode ser feita em livros ou na internet.

Produção

Nas linhas a seguir, escreva um texto sobre a lenda que você pesquisou. Lembre-se de escrever o nome da lenda no título.

Você pode escrever o texto em forma de narrativa (uma história) ou como um texto informativo.

_____
_____
_____
_____
_____
_____
_____
_____
_____
_____

Revisão

Confira o uso de ponto-final e de letra maiúscula.

Entregue o texto escrito para o professor, que fará as correções, se for necessário.

Escreva novamente o texto, corrigindo aquilo que o professor marcou.

Faça um desenho para ilustrar a lenda escolhida.

Apresentação

O professor combinará com a sala qual será o dia de apresentação das lendas. Cada aluno contará aos colegas a lenda que pesquisou, ensinando aos outros um pouco mais sobre o folclore brasileiro.

AMPLIANDO O VOCABULÁRIO

ascender

(as-cen-**der**): subir.

Exemplo: *Ela esperava ascender ao céu pelo convite da deusa.*

cume

(**cu**-me): ponto mais alto.

Exemplo: *Naiá subia até o cume dos morros.*

definhar

(de-fi-**nhar**): perder as forças, tornar-se fraco e abatido.

Exemplo: *A jovem definhava dia após dia.*

esplendor

(es-plen-**dor**): brilho intenso.

Exemplo: *A Lua aparecia em todo seu esplendor.*

hospitalidade

(hos-pi-ta-li-**da**-de): acolher bem os hóspedes e visitantes.

Exemplo: *Os brasileiros demonstram hospitalidade.*

martírio

(mar-**tí**-ri-o): grande sofrimento.

Exemplo: *A fome é um martírio para a humanidade.*

metamorfosear

(me-ta-mor-fo-se-**ar**): alterar sua forma, transformar.

Exemplo: *Jaci metamorfoseou Naiá em vitória-régia.*

pernoitar

(per-noi-**tar**): passar a noite.

Exemplo: *Naiá pernoitava à espera de Jaci.*

LEIA MAIS

A lenda do fogo

Márcio Souza. São Paulo: Companhia Editora Nacional/Lazuli, 2011.

Onde o Urubu esconde o fogo? O que o Tuxaua faz para roubá-lo? Como o Sapo-cururu vira um grande pajé? Descubra essas e outras respostas nessa deliciosa lenda indígena recheada de aventuras e belas ilustrações, narrada pelo premiado escritor Márcio Souza.

Turma da Mônica em: lendas brasileiras

Mauricio de Sousa. Barueri: Girassol, 2009.

Este livro traz algumas das lendas mais conhecidas do folclore popular brasileiro, representadas pelos personagens da Turma da Mônica.

Lendas e Mitos do Brasil

Theobaldo Miranda Santos. São Paulo: Ibep, 2013.

Neste livro, há várias lendas de diferentes regiões do Brasil. Há histórias das culturas indígena, africana e dos povos colonizadores que fazem parte do imaginário do povo.

LIÇÃO 11
CARTA DA GALINHA RUIVA

VAMOS COMEÇAR!

Leia a carta a seguir.

Quintal dos Ruivos, inverno de mil novecentos e milho verde.

Ah, meu filho ruivinho!
Desde o dia em que você foi morar no quintal da Dona Celeste, meus dias são cheios de vazios.
Meu coração está em frangalhos.
Parece que eu tenho um grão de milho entalado na garganta.
Agora, até o gato, o cachorro, o porco e o pato, que, naquela vez, inventaram um milhão de desculpas, para não nos ajudar, me visitam com frequência e trazem pãozinho quentinho.
Eles dizem que não gostam de me ver quietinha e cabisbaixa.
Por que você se foi? Por quê?
Quero que saiba que, aqui no nosso lar, vai ter sempre água com açúcar para acalmar seus medos.
Vai ter sempre abraços e afagos.
Vai ter sempre seu ninho limpinho, aconchegante e cheiroso para confortar seus cansaços.
Vai ter sempre comida quentinha para saciar sua fome.
E vai ter sempre bolo de fubá para eternizar o amor de nossos sábados cheirosos.
Alonso, meu querido, estou com tantas saudades.
Com o amor da mamãe
Galinha Ruiva

Anderson Novello. *O pintinho ruivo de raiva*. Curitiba: Palavras Arteiras, 2018.

ESTUDO DO TEXTO

1 De acordo com o texto, responda.

a) Quem escreveu a carta?

_____

b) A quem a correspondência foi destinada?

_____

c) De onde a carta foi escrita?

_____

d) Quando a carta foi escrita?

_____

_____

e) Qual é a relação entre os correspondentes?

_____

_____

2 Você já escreveu uma carta? Se sim, para quem?

_____

_____

_____

> **Carta** é uma mensagem escrita que se envia para alguém. Serve para se apresentar, para contar notícias, revelar segredos... Também chamada correspondência, em geral, a carta é colocada dentro de um envelope e enviada por correio.

3 Que assuntos são tratados na carta? Escreva ao menos três deles.

_____
_____
_____

4 A carta que você leu foi escrita com base em um conto conhecido, que você já conheceu neste livro. Que conto é esse?

_____

5 Releia estes trechos da carta:

> Meu coração está em **frangalhos**.
> Parece que eu tenho **um grão de milho** entalado na garganta.

a) A expressão "em frangalhos" tem o mesmo sentido de:

☐ acabado, triste.   ☐ contente, palpitante.

b) A expressão "nó na garganta" costuma ser utilizada para se referir a um aperto na garganta, causado por uma emoção forte. Que expressão o autor utilizou na carta?

_____
_____

c) Por que você acha que o autor utilizou as expressões destacadas?

_____
_____

d) Que outras palavras do texto estão relacionadas ao mundo em que vivem os personagens?

_____
_____

ESTUDO DA LÍNGUA

Pronomes pessoais

Releia este trecho da carta.

> Parece que **eu** tenho um grão de milho entalado na garganta.

A palavra **eu** faz referência à pessoa que está falando; no caso, a personagem Galinha Ruiva.

A palavra **eu** é um **pronome**.

> **Pronome** é a palavra que substitui ou determina o substantivo, indicando a *pessoa do discurso*.
> A pessoa do discurso aponta quem fala, de quem se fala ou para quem se fala. Portanto, existem três pessoas do discurso.

Há diversos tipos de pronome. Começaremos pelos pronomes pessoais.

> **Pronomes pessoais** são aqueles que substituem os substantivos e representam as pessoas do discurso.

	Pronomes pessoais	
	Singular	**Plural**
1ª pessoa do discurso: aquela que fala	eu	nós
2ª pessoa do discurso: aquela com quem se fala	tu	vós
3ª pessoa do discurso: aquela de quem se fala	ele, ela	eles, elas

175

ATIVIDADES

1 Quais pronomes substituem as expressões destacadas?

a) **Eu e Laura** iremos ao teatro mais tarde. _____

b) Faz muito tempo que não vejo **Gustavo e Paula**. _____

c) **Os alunos** fizeram uma surpresa para **a secretária**. _____

d) **O equilibrista e a bailarina** formam um lindo casal. _____

e) **Miguel**, **Luísa e eu** estávamos cantando no karaokê. _____

2 Reescreva as frases substituindo os substantivos em destaque por pronomes pessoais equivalentes.

a) Ontem, **Catarina** chegou muito atrasada ao curso.

_____

_____

b) Luano, meu cachorro, sempre quer brincar com **o carteiro**.

_____

_____

c) **O ônibus** quebrou devido à falta de manutenção.

_____

_____

d) **Minha família e eu** passamos um maravilhoso final de semana na praia!

_____

_____

e) **Gabriel** usou meu lápis e entregou-o a outra pessoa.

_____

_____

Pronomes possessivos

Releia estes trechos.

> Quero que saiba que, aqui no **nosso** lar, vai ter sempre água com açúcar para acalmar **seus** medos.

As palavras **nosso** e **seus** são pronomes possessivos.

> **Pronomes possessivos** são aqueles que se referem às pessoas do discurso (1ª, 2ª e 3ª) para indicar posse de alguma coisa.

	Pronomes possessivos	
	Singular	**Plural**
1ª pessoa do discurso	meu(s), minha(s)	nosso(s), nossa(s)
2ª pessoa do discurso	teu(s), tua(s)	vosso(s), vossa(s)
3ª pessoa do discurso	seu(s), sua(s)	seu(s), sua(s)

Atenção: As palavras **dele(s)** e **dela(s)** são usadas para determinar posse, mas não são classificadas como pronome possessivo. Elas servem para esclarecer possíveis dúvidas.

Por exemplo: Essa não é **sua** melhor música. → Essa não é a melhor música **dele**.

ATIVIDADE

1 Justifique o uso do pronome possessivo nas frases a seguir.

a) Guardei apenas as minhas coisas.

___

b) Esse livro embaixo da cadeira é seu?

___

c) Traga sua vasilha para que eu possa enchê-la.

___

177

Pronomes demonstrativos

Leia:

> **Este** é Alonso, o filho ruivinho.
> **Aquela** é a Galinha Ruiva.
> **Esses** são os animais do quintal.

As palavras **este**, **aquela** e **esses** são pronomes demonstrativos.

> **Pronomes demonstrativos** são aqueles que indicam o lugar, a posição dos objetos, das pessoas etc. em relação à pessoa que fala.

Conheça os pronomes demonstrativos.

este, **esta**, **isto**, **estes**, **estas**: quando as pessoas ou os objetos estão perto de quem fala.
esse, **essa**, **isso**, **esses**, **essas**: quando as pessoas ou os objetos estão perto da pessoa com quem se fala.
aquele, **aquela**, **aquilo**, **aqueles**, **aquelas**: quando as pessoas ou os objetos estão longe da pessoa que fala e da pessoa com quem se fala.

ATIVIDADES

1 Para as situações a seguir, elabore frases com pronomes demonstrativos.

VANESSA ALEXANDRE

VANESSA ALEXANDRE

178

2 Preencha os espaços com os pronomes demonstrativos do quadro.

| esta | este | esses | esse | isto | aquele | aquela | aquilo |

a) _____ bolsa é minha e _____ ali é sua.

b) _____ brincos que você está usando lhe ficam muito bem.

c) _____ violão é maior do que _____.

d) Fabiano, de quem é _____ relógio que está no seu braço?

e) _____ vai dar certo; _____, não.

3 Sublinhe os pronomes demonstrativos.

a) Quem era aquele rapaz na porta conversando com você?

b) Aquelas pessoas de quem você está falando são importantes para mim.

c) Esse telefone nunca funciona quando eu preciso.

d) Eu comprei esta TV numa promoção.

e) Ana, você poderia pegar aquela toalha para mim?

f) Aquela rosa é a mais linda que já vi.

g) Isto é seu ou do seu primo?

h) Esta bola é minha.

i) Aqueles meninos são espertos.

j) Essa é a ministra da Educação.

k) O que é aquilo?

ORTOGRAFIA

Palavras com s em final de sílaba

Leia este poema.

Final

[...]
Um siamês, pelo escuro,
Olhos azuis, cara preta,
É o bicho – lhes asseguro –
Mais "fofo" deste planeta

Ferreira Gullar. *Um gato chamado Gatinho*.
São Paulo: Moderna, 2013.

ATIVIDADES

1 Que palavras do poema acima têm sílabas terminadas em s ?

_____

_____

2 Complete as palavras com as , es , is , os ou us . Depois, escreva-as.

c___cuz – _____   r_____to – _____

rev___ta – _____   ___cola – _____

c_____ca – _____   ___tudante – _____

f___ta – _____   p_____ta – _____

3 Ordene as sílabas e forme palavras.

coi-bis-to – _____   ne-cis – _____

va-co-es – _____   dor-pes-ca – _____

es-lho-pe – _____   to-ros – _____

180

UM TEXTO PUXA OUTRO

A forma como nos comunicamos está sempre mudando e, atualmente, com a quantidade, a velocidade e o volume de informações de que dispomos, o *e-mail* é uma ferramenta mais usual que as tradicionais cartas, uma vez que a mensagem enviada pode ser lida quase imediatamente por meio da internet. Assim como em uma carta, os assuntos tratados em uma mensagem eletrônica podem ser os mais diversos possíveis. Leia o *e-mail* a seguir.

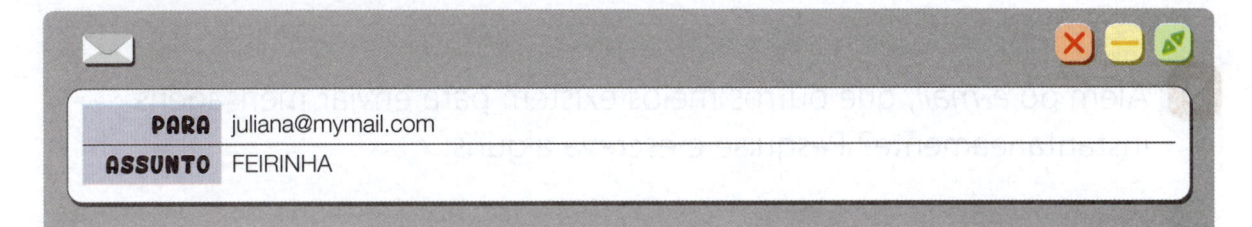

PARA juliana@mymail.com
ASSUNTO FEIRINHA

Oi, Ju! Tudo bem com você?

Estou enviando essa mensagem para avisar da feirinha do próximo sábado. Vai começar 9h e vai até 20h, mais ou menos – ou enquanto tiver gente. Se puder, divulgue também para o máximo de gente que conseguir, tá?

Então, sobre a feirinha, vai ser um espaço para adoção de animais. Muitos animais do abrigo do seu Messias tiveram filhotinhos, por isso a gente tá fazendo essa feirinha. Não precisa levar nada, não! Só divulga essa mensagem entre as pessoas que você conhece – e eu sei que você conhece muita gente!

Ah, avisa também que, para quem for adotar, vai ter um veterinário lá na hora fazendo atendimento, aplicando vacinas, essas coisas. O atendimento do veterinário é pago, tá!

Acho que é isso. Beijo, beijo, beijo e obrigadão pela força!
Alice

A palavra *e-mail* é a redução do termo *eletronic mail*, que significa correio eletrônico.

1. Quem envia o *e-mail* e quem o recebe?
_____
_____

2. Qual é o conteúdo da mensagem?
_____
_____
_____

3. Além do *e-mail*, que outros meios existem para enviar mensagens instantaneamente? Pesquise e escreva alguns.
_____
_____
_____

4. Você tem *e-mail*? Se sim, para que o utiliza?
_____

5. Crie com os colegas uma lista com o *e-mail* dos alunos da turma.
_____
_____
_____
_____
_____
_____
_____

PRODUÇÃO DE TEXTO

Vamos escrever uma carta?

Pense em algo interessante que você queira contar, um fato ou acontecimento agradável que poderia relembrar. Com quem você gostaria de ter essa conversa por meio de uma carta? Escreva a carta para essa pessoa.

Preparação

Faça um rascunho de sua carta no caderno, seguindo estes passos:
- escreva o local onde está o remetente (você) e a data em que a carta é escrita;
- o nome do destinatário;
- uma saudação inicial;
- o corpo da carta, o texto com o assunto de que você vai falar, com começo, meio e fim;
- uma saudação de despedida;
- a assinatura do remetente (você).

Produção e revisão

Verifique se escreveu tudo o que queria. Complete se faltar algo.

Peça a um colega que leia sua carta enquanto você lê a dele.

Conversem sobre os textos e corrijam o que for necessário: algo que não ficará claro para o destinatário, ortografia etc.

Passe o texto a limpo em uma folha de papel pautado.

Encaminhamento

Traga um envelope na próxima aula. O professor vai ajudar a endereçar e, se possível, enviar por uma agência de correios. Ou você mesmo será o carteiro e levará para o destinatário.

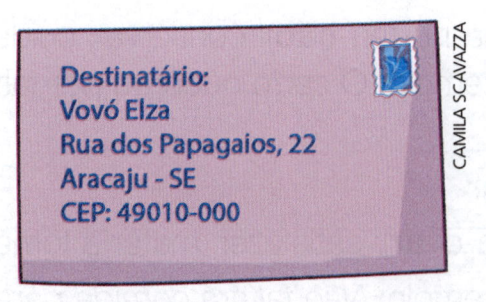

Remetente:
Mariana Santana
Rua dos Sabiás, 32
Salvador - BA - CEP: 40470-630

Destinatário:
Vovó Elza
Rua dos Papagaios, 22
Aracaju - SE
CEP: 49010-000

CAMILA SCAVAZZA

AMPLIANDO O VOCABULÁRIO

aconchegante

(a-con-che-**gan**-te): acolhedor.

Exemplo: *Aqui você terá um lugar aconchegante.*

afagos

(a-**fa**-gos): fazer carinho.

Exemplo: *Vou lhe fazer muitos afagos, amiguinho!*

confortar

(con-for-**tar**): reanimar, tornar confortável. Exemplos:

O pai foi confortar a filha depois do acidente.

O ninho vai confortar seu cansaço.

divulgar

(di-vul-**gar**): fazer alguma coisa ficar conhecida.

Exemplo: *Alice pediu para divulgar a feirinha.*

manutenção

(ma-nu-ten-**ção**): conservar, cuidar.

Exemplo: O carro quebrou por falta de manutenção.

saciar

(sa-ci-**ar**): satisfazer, matar a fome.

Exemplo: *Não faltará comida para saciar sua fome.*

LEIA MAIS

Felpo Filva

Eva Furnari. São Paulo: Moderna, 2006.

Esta é a história do Felpo, um coelho poeta que um dia recebe a carta de um leitor discordando de seus poemas. É claro que Felpo não vai aceitar uma crítica sem dizer nada. Então, dessa primeira carta surgem outras e mais outras, uma troca de correspondências sobre poesia e muitos outros gêneros de textos.

O pintinho ruivo de raiva

Anderson Novello. Ilustração Bruna Assis Brasil. Curitiba: Palavras Arteiras, 2018.

Alonso, o pintinho ruivo de raiva, ganha uma bela viagem no tempo quando sua mãe, a Galinha Ruiva, resolve escrever uma carta na qual recorda momentos preciosos e divertidos da vida do filho.

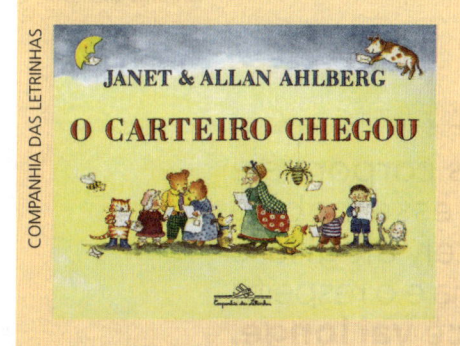

O carteiro chegou

Janet & Allan Ahlberg. São Paulo: Companhia das Letrinhas, 2007.

Você pode imaginar como seria se os personagens dos contos de fadas resolvessem mandar cartas? Com este livro, é possível conhecer algumas dessas cartas!

LIÇÃO 12

CORRER, JOGAR, PULAR E BRINCAR

VAMOS COMEÇAR!

A propaganda que você vai ler a seguir foi lançada pelo Ministério da Saúde. Qual parece ser o assunto da propaganda?

CORRER, JOGAR, PULAR E BRINCAR TODO DIA. ASSIM A GENTE VAI LONGE.

PROGRAMA SAÚDE NA ESCOLA

> Todo dia é dia de realizar práticas corporais e atividades físicas. Vamos criar esse hábito saudável que, além de dar prazer, alegria e bem-estar, estimula a boa convivência e o respeito entre todos. **Participe! Assim você vai longe.**
>
> **Verifique se sua escola está participando.**

ESTUDO DO TEXTO

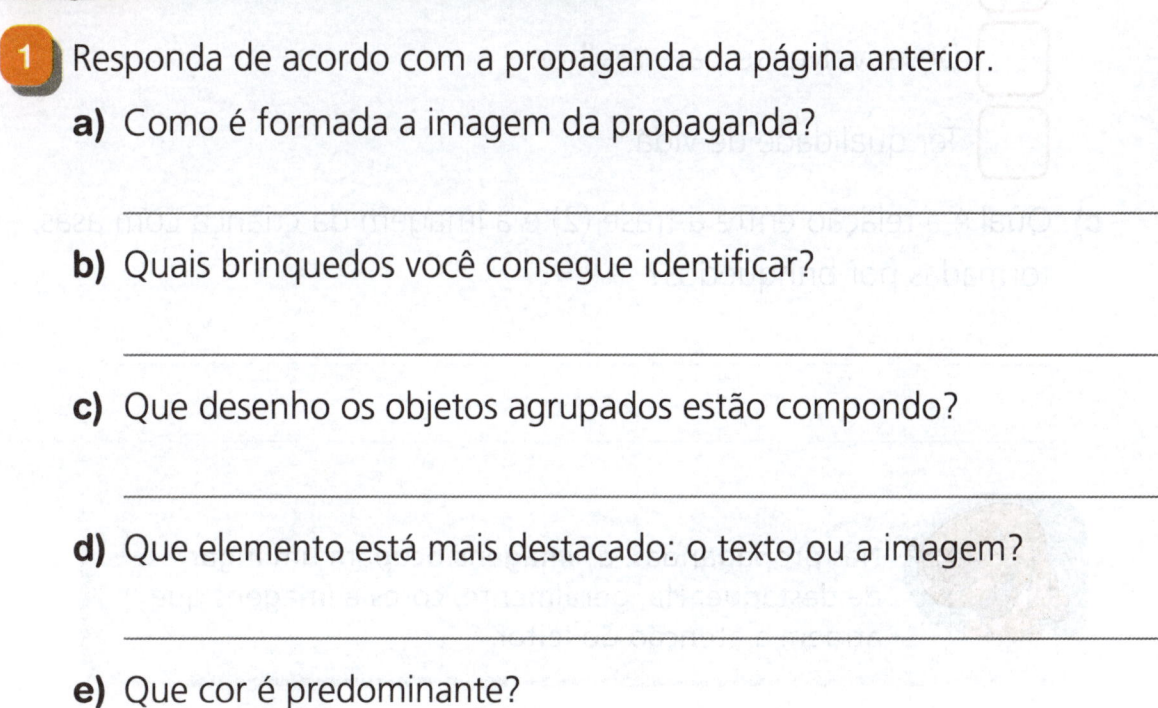

1 Responda de acordo com a propaganda da página anterior.

a) Como é formada a imagem da propaganda?

_____

b) Quais brinquedos você consegue identificar?

_____

c) Que desenho os objetos agrupados estão compondo?

_____

d) Que elemento está mais destacado: o texto ou a imagem?

_____

e) Que cor é predominante?

_____

> Nas **propagandas**, o texto e a imagem estão relacionados. Algumas vezes, a imagem complementa o texto. Outras vezes, é o texto que amplia o significado da imagem.

2 Releia estas frases da propaganda.

(1) **CORRER, JOGAR, PULAR E BRINCAR TODO DIA.**
(2) **ASSIM A GENTE VAI LONGE.**

a) Que ligação existe entre a frase (1) e os objetos da imagem?

_____

_____

_____

187

b) Quais são os sentidos da expressão "vai longe", na frase (2)?

☐ Ir a um lugar muito distante.

☐ Desenvolver-se para melhor.

☐ Ter qualidade de vida.

c) Qual é a relação entre a frase (2) e a imagem da criança com asas formadas por brinquedos?

_____

_____

> Nas propagandas, as **imagens** ocupam um lugar de destaque. Há, geralmente, cores e imagens que atraem a atenção do leitor.

3 Releia o texto que aparece do lado esquerdo da propaganda.

> Todo dia é dia de realizar práticas corporais e atividades físicas. Vamos criar esse hábito saudável que, além de dar prazer, alegria e bem-estar, estimula a boa convivência e o respeito entre todos. **Participe! Assim você vai longe.**
>
> **Verifique se sua escola está participando.**

a) A quem esse texto é dirigido, ou seja, quem são seus possíveis leitores?

_____

_____

b) Que trecho do texto comprova sua resposta à questão anterior?

_____

_____

4 Qual é o objetivo dessa propaganda?

_____
_____
_____

> Para que a propaganda atinja seu objetivo, ela tem de ser dirigida a determinado grupo de pessoas, denominado **público-alvo**.

5 O responsável por essa propaganda é o Ministério da Saúde. Qual é a relação entre saúde e o conteúdo da propaganda?

_____
_____

6 Em sua opinião, por que o Ministério da Saúde fez essa propaganda?

_____
_____
_____

7 Você tem o hábito de realizar práticas corporais e atividades físicas? Com qual frequência? O que você faz?

_____
_____
_____
_____

8 Que outros hábitos saudáveis você tem?

_____
_____

EU GOSTO DE APRENDER MAIS

Conhecer os alimentos, para ter uma alimentação equilibrada, também é uma prática saudável. Leia o texto a seguir e observe a pirâmide alimentar.

Na base da pirâmide, encontramos os alimentos ricos em carboidratos, como massas, pães, cereais e arroz. Por estarem no maior grupo, devem ser consumidos em maiores quantidades durante o dia. Em seguida, encontramos o grupo das frutas, verduras e legumes que fornecem vitaminas, minerais e fibras para o nosso corpo.

Pirâmide alimentar.

No terceiro nível da pirâmide, estão os alimentos de fontes de proteínas e minerais, como carnes, leguminosas, leite e derivados. No topo da pirâmide estão representados os alimentos que devem ser consumidos com moderação, pois, além de calóricos, podem levar à obesidade, doenças cardiovasculares, diabetes e outras enfermidades. Nesse grupo estão os doces, açúcares, óleos e gorduras.

Princípios de uma boa alimentação. Só Nutrição, s.d. Disponível em: www.sonutricao.com.br/conteudo/alimentacao/. Acesso em: 30 ago. 2022.

- Qual é a relação entre o assunto desse texto e a propaganda do Ministério da Saúde, da página 186?

190

ESTUDO DA LÍNGUA

Verbo

Releia esta frase da propaganda.

CORRER, JOGAR, PULAR E BRINCAR TODO DIA.

MINISTÉRIO DA SAÚDE

> **Verbo** é a palavra que exprime ação, estado ou fenômeno da natureza.

Uma **ação** está relacionada a movimento, portanto, verbos como correr, jogar, pular, brincar são verbos de ação.

Os verbos que indicam **estado** apontam uma característica ou condição (como sente ou parece sentir-se): ficar, ser, estar, parecer.

Os verbos de **fenômeno da natureza** referem-se a ações executadas apenas pela natureza: chover, ventar, trovejar, nevar.

ATIVIDADES

1 Complete as frases com os verbos de ação que você julgar adequados.

a) Minha colega _____ o lanche dela comigo.

b) O vestido que ela _____ ficou perfeito.

c) No finais de semana, meu irmão _____ futebol com os amigos.

d) Eu e minha família _____ durante as férias.

e) As portas do museu _____ pontualmente ao meio-dia.

191

2 Observe cada imagem e escreva sob cada uma que ações são executadas.

_____   _____

_____   _____

3 Identifique e contorne os verbos de estado nas frases abaixo.

a) Márcia e o marido estão doentes há cerca de duas semanas.

b) Ele ficou visivelmente feliz com sua presença.

c) Lara é uma das melhores alunas da turma!

d) Graziela parece cansada. Ela está bem?

e) A festa de aniversário da minha avó foi emocionante.

4 Transforme os substantivos em verbos que indiquem fenômeno da natureza. Siga o modelo.

vento – ventar

geada – _____   noite – _____

flor – _____   chuva – _____

neve – _____   relâmpago – _____

manhã – _____   trovão – _____

192

5 Em qual das alternativas o verbo **andar** foi empregado como um verbo de estado?

☐ Ernesto anda numa velocidade que não dá para acompanhar.

☐ Minha irmã andou seus primeiros passos antes de completar 1 ano.

☐ Fabíola anda triste desde que soube que os pais vão se separar.

☐ Ando devagar porque já tive pressa.

Justifique sua escolha.

_____
_____

6 Use os verbos que você escreveu na atividade 4 para reescrever as frases. Siga o modelo.

> A **noite** chegou e eu senti frio.
> **Anoiteceu** e eu senti frio.

a) O **vento** estava tão forte que abriu todas as janelas.

_____

b) A **chuva** caiu o dia inteiro.

_____

c) A árvore da pracinha **deu mais flores** que ano passado.

_____

d) Por aqui nunca **cai neve**.

_____

e) A **manhã** chegou rapidamente.

_____

193

Tempos verbais

Leia as frases observando as palavras destacadas.

> Meu colégio **participou** do Programa Saúde na escola.
> Os alunos **praticam** atividades físicas.
> Amanhã os alunos **brincarão** de amarelinha.

As ocasiões retratadas acontecem em diferentes momentos: uma participação que já aconteceu; uma prática referente ao momento em que se fala e uma brincadeira que será realizada. Cada um desses instantes mostra o verbo flexionado em um tempo verbal.

Os **tempos verbais** determinam o momento em que a situação retratada aconteceu, acontece ou acontecerá. Conjugamos os verbos em três tempos:
- **presente**: normalmente refere-se ao que acontece no momento em que falamos.
- **pretérito** (ou passado): refere-se ao que já passou.
- **futuro**: refere-se ao que ainda vai acontecer.

Veja o verbo **estudar** conjugado nos três tempos verbais.

Presente	Pretérito (ou passado)	Futuro
Eu estudo	Eu estudei	Eu estudarei
Tu estudas	Tu estudaste	Tu estudarás
Ele/ela estuda	Ele/ela estudou	Ele/ela estudará
Nós estudamos	Nós estudamos	Nós estudaremos
Vós estudais	Vós estudastes	Vós estudareis
Eles/elas estudam	Eles/elas estudaram	Eles/elas estudarão

ATIVIDADES

1 Destaque o verbo em cada frase e determine o tempo verbal.

a) Choveu muito naquele dia.

_____

b) Preciso de uma nova sandália: a minha partiu-se.

_____

c) O avião pousará nos próximos 30 minutos.

_____

d) Quase sempre eu saio no horário do ônibus.

_____

2 As frases estão no pretérito. Passe-as para o presente e para o futuro. Siga o modelo.

> João **vendeu** a bicicleta.
> João **vende** a bicicleta.
> João **venderá** a bicicleta.

a) O vento soprava forte.

_____

_____

b) Passeei no parque à tarde.

_____

_____

c) Eles jogaram bola.

_____

_____

195

3 Complete as frases com os verbos entre parênteses conjugando-os no tempo indicado.

a) Faça suas malas, _____ no final de semana. (viajar – futuro)

b) Kátia _____ quase 1 ano sem comer doces. (passar – pretérito)

c) O time _____ vitórias a cada jogo. (conquistar – presente)

d) O que Samara _____? Ela _____ preocupada... (ter, parecer – presente)

4 Considere as frases:

I. **Guarde** o material utilizado.
II. **Seja** gentil com seus colegas.
III. **Mastigue** os alimentos devagar.

Agora, responda.

a) Os verbos destacados exprimem:

☐ conselho ou advertência.   ☐ ordem ou instrução.

b) Sobre flexão de tempo, o que você percebe sobre os verbos?

_____

_____

_____

As frases da questão anterior expressam uma ordem, uma instrução. Mas também podemos transformá-las em pedidos ou conselhos afirmativos ou negativos. Veja:

Guarde o material utilizado.
   Por favor, guarde o material utilizado. → pedido
Seja gentil com seus colegas.
   Você deve ser gentil com seus colegas. → conselho
Mastigue os alimentos devagar.
   Não mastigue os alimentos com pressa. → advertência negativa

ORTOGRAFIA
Palavras com c e ç

Leia o nome de alguns objetos escolhidos para brincar de adivinhar.

| aliança | cesta | cinto | lenço | açucareiro |

ATIVIDADES

1 Contorne nas palavras do quadro acima as sílabas iniciadas por c ou ç e escreva-as abaixo.

___

2 Releia as palavras e responda: com que vogais foi usado o ç? E o c?

___

3 Leia as palavras do quadro com o professor. Em seguida, contorne todas as palavras escritas com ç.

bagaço	dentuça	terraço	cedilha
sumiço	louça	redação	concordar
traço	força	açude	palhaço
criança	cidade	roça	berço

4 Agora, copie as palavras que sobraram, na ordem em que elas aparecem em cada linha. O que você descobriu?

___

___

> O **ç** é usado com as vogais **a**, **o** e **u**. Com as demais vogais, **e** e **i**, é usado o **c**. Na língua portuguesa, não há palavras começadas por ç.

197

5 Escreva os substantivos no diminutivo, como no exemplo.

graça – gracinha

laço _____ braço _____

palhaço _____ lenço _____

praça _____ roça _____

poça _____ caroço _____

6 O que aconteceu com o ç quando você formou o diminutivo?

_____

_____

7 Troque o c por ç e forme uma nova palavra.

louca _____

calca _____

forca _____

faca _____

8 Procure em jornais e revistas palavras com ça, ce, ci, ço e çu e copie-as.

_____

_____

_____

_____

UM TEXTO PUXA OUTRO

Antes de ler o texto, troque ideias com os colegas.

Qual é sua música preferida do momento? A que gênero musical ela pertence?

Você acha que ouvir música traz benefícios para a saúde? Por quê?

Agora, leia a reportagem silenciosamente.

Música que faz bem para a saúde

Ouvir músicas que dão prazer melhora o humor das pessoas, segundo um estudo feito pela McGill University, do Canadá.

Testes feitos em voluntários mostraram que o nível de dopamina, substância produzida no cérebro que dá a sensação de prazer, aumenta 9% quando as pessoas escutam melodias de que gostam. Para chegar a esse resultado, os pesquisadores usaram aparelhos que medem a quantidade da dopamina, a temperatura do corpo, a frequência dos batimentos cardíacos, entre outros fatores. A aluna Manuela H., de 7 anos, [...] diz que música "traz alegria para as pessoas". Fã de rock, ela conta que começou a fazer aulas de piano quando tinha 6 anos. "Eu adoro e tenho uma amiga que faz aula comigo. Quando minhas colegas vão para casa, eu toco para elas", afirma. Para escutar músicas, crianças como Caetano V., de 9 anos, e Bianca M., de 8 anos, utilizam a tecnologia. Caetano, que gosta de Tim Maia e The Beatles, costuma ouvir [...] no celular. Já Bianca ouve algumas canções no *tablet* e "outras no rádio do carro, com o meu pai".

199

GÊNEROS MUSICAIS MAIS OUVIDOS PELOS BRASILEIROS NO RÁDIO

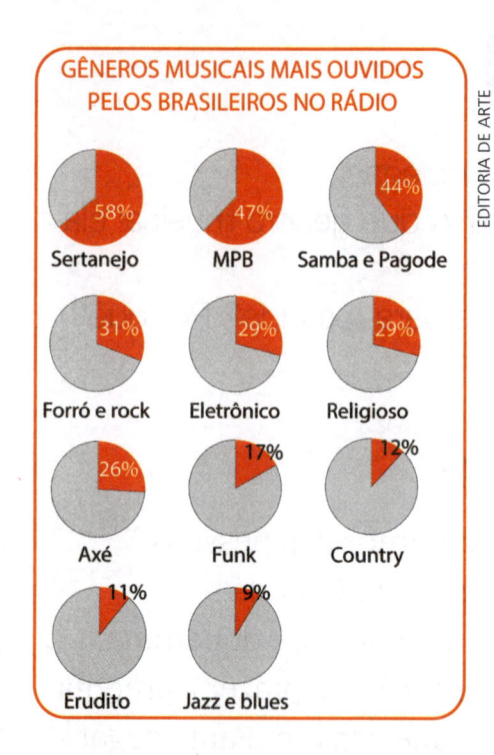

- Sertanejo: 58%
- MPB: 47%
- Samba e Pagode: 44%
- Forró e rock: 31%
- Eletrônico: 29%
- Religioso: 29%
- Axé: 26%
- Funk: 17%
- Country: 12%
- Erudito: 11%
- Jazz e blues: 9%

Benefícios da música para a saúde

Induz ao movimento
O ritmo está presente no ser humano desde o nascimento, por isso a música ajuda nas atividades físicas, por exemplo.

Melhora a comunicação
A música desenvolve a linguagem, a fala e aumenta o vocabulário.

Cria vínculos
Quando a mãe canta para o filho, ele memoriza a voz, e uma relação entre eles é criada.

Ameniza a dor e o medo
Ao cantar, a pessoa muda o foco e se distrai da dor e do medo, tirando a atenção do problema.

Fortalece a memória
Responsável por armazenar as últimas palavras lidas em um texto e estimula novas conexões no cérebro.

Música faz bem para a saúde. *Joca*, ed. 90, mar. 2017. p. 7.

---

1 Observe os gráficos que acompanham o texto. Eles apresentam informações sobre o resultado de uma pesquisa. Responda oralmente.

a) Qual é o gênero musical mais ouvido pelos brasileiros no rádio?

b) E o menos ouvido?

c) O que você observou nos gráficos para responder aos itens **a** e **b**?

2 Qual é o gênero mais ouvido pelos alunos da sua turma? Dê sua opinião para o professor registrar no quadro de giz. Depois, analisem as informações e discutam oralmente o resultado.

200

PRODUÇÃO DE TEXTO

Você e sua turma vão fazer uma campanha educativa para ser divulgada no local onde estudam. Para isso, deverão produzir propagandas que serão afixadas em lugares estratégicos, por exemplo: sobre lixeiras e torneiras, em quadros de avisos, na quadra esportiva etc.

Preparação

Para a produção da campanha educativa e das propagandas, é necessário escolher um tema. Junte-se a mais três colegas e, em grupo, escolham um tema que considerem importante para a escola.

Depois de escolhido o tema, façam uma pesquisa sobre ele. Recorram a livros e *sites* sobre o assunto. Por exemplo, se o tema for meio ambiente e reciclagem do lixo, pesquisem quais tipos de materiais descartados podem ser reciclados; como separar esses materiais; como fazer a coleta etc.

Determinem o público-alvo a que será dirigida a campanha. Às crianças, aos adultos, à comunidade em geral? Quais são os locais mais adequados para a fixação do cartaz com a propaganda? Quais locais estão disponíveis? Será necessário pedir autorização da direção para colocar os cartazes? Como isso pode ser feito?

Planejamento e criação

Com as informações que vocês pesquisaram sobre o assunto e tendo em mente o público-alvo da campanha, você e três colegas vão produzir uma ou mais propagandas.

Pensem em uma frase que ficará acima das imagens e que deve levar o público a pensar na importância daquilo que você e seus colegas querem divulgar.

As imagens – desenhos, fotos, tons de cores – compõem a propaganda. Definam quais imagens você e seus colegas vão utilizar. Lembrem-se de que a imagem sempre deve estar relacionada ao texto.

Em grupo, produzam a propaganda com as imagens e a frase escolhidas.

O grupo pode produzir mais de uma propaganda sobre o mesmo tema.

Revisão e reescrita

Troquem a(s) propaganda(s) que vocês criaram com a(s) de outro grupo. Verifiquem se os colegas do outro grupo:

a) escolheram um tema para a(s) propaganda(s) deles;
b) criaram uma frase para chamar a atenção do leitor;
c) colocaram fotos e desenhos relacionados ao tema e à frase;

Façam as observações necessárias e devolvam a propaganda ao outro grupo.

No seu grupo, revisem a(s) propaganda(s), levando em conta as observações que os colegas fizeram, passem a limpo e entreguem ao professor. Refaçam, se necessário, a propaganda com as sugestões dele.

Apresentação

Conforme as instruções do professor, espalhem as propagandas em locais visíveis para o público-alvo.

AMPLIANDO O VOCABULÁRIO

atividade física

(a-ti-vi-**da**-de **fí**-si-ca): exercício executado para manter a saúde física e a boa forma.

Exemplo: *Minha avó pratica atividade física todas as manhãs.*

hábito

(**há**-bi-to): forma habitual de ser ou agir.

Exemplo: *Atividade física é um hábito saudável.*

induzir

(in-du-**zir**): 1. levar alguém a fazer alguma coisa.

Exemplo: *A música induz ao movimento.*

2. chegar a uma conclusão.

prática corporal

(**prá**-ti-ca cor-po-ral): jogos, danças, acrobacias.

Exemplo: *Toda prática corporal faz bem à saúde!*

Exemplo: *O gramático induz uma regra observando o uso da língua.*

202

LEIA MAIS

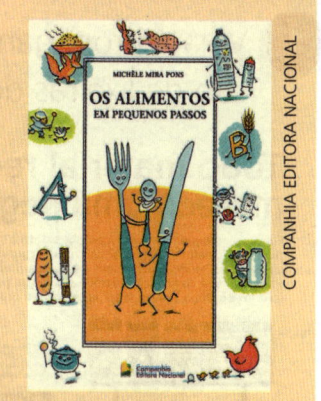

Os alimentos em pequenos passos

Michèle Mira Pons. São Paulo: Companhia Editora Nacional, 2008.

Por que comer massa permite que você corra melhor? Dá para imaginar não gostar de bombons? De que se alimentavam nossos antepassados? Se você gosta de comer tudo ou não gosta de nada, se tem sede de saber mais sobre alimentos, eis aqui um livro para satisfazer sua curiosidade e aprender a comer de forma inteligente. E também com experiências para você se divertir e receitas para se deliciar.

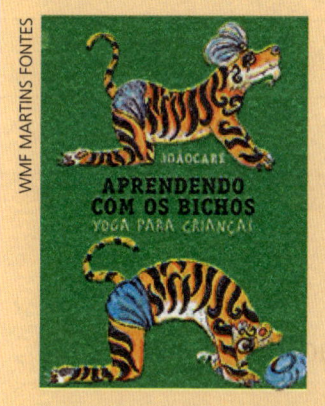

Aprendendo com os bichos: yoga para crianças

Joãocaré. São Paulo: WMF Martins Fontes, 2012.

Neste livro, as crianças são convidadas a praticar yoga através de uma série básica de posturas relacionadas aos movimentos dos animais. Com ele, é possível aprender muito sobre os animais e sobre o próprio corpo, suas atitudes e seus estados de espírito.

Leandra: a experimentadora de comida de verdade

Joana Helena Siota e Paulina Ampessam Maccari. Brasília: Synopsys, 2021.

Leandra é uma menina que não gosta de sentar-se à mesa para fazer as refeições. Também não gosta da comida que seus pais lhe oferecem. No entanto, isso vai mudar com a ajuda da tia Júlia e Leandra terá um desafio a vencer.

203

ORGANIZANDO CONHECIMENTOS

1 Veja a propaganda de uma campanha do metrô de São Paulo sobre o uso de lixeiras de coleta seletiva.

Todo material reciclável merece uma segunda chance.

Com as novas lixeiras para coleta seletiva nas estações, você pode dar destino correto para jornais, garrafas plásticas, latas de suco ou refrigerante, além de outros materiais recicláveis que você carrega dentro do Metrô. Faça a sua parte: descarte o seu lixinho do dia a dia no local adequado e colabore.

Lixeiras para coleta seletiva do Metrô. Bom para você, melhor ainda para o meio ambiente.

METRÔ

Disponível em: https://goo.gl/NVVH5Y Acesso em: 6 jun. 2018.

2 Que mensagem a propaganda acima pretende transmitir?

_____

_____

_____

3 Complete as frases com **o**, **a**, **os** ou **as**.

a) Separar _____ lixo facilita _____ trabalho dos catadores e

aumenta _____ material aproveitado.

b) _____ plástico deve ser colocado na lixeira vermelha.

_____ vidro, na lixeira verde. _____ lixeira azul é para papel e

_____ amarela, para metal.

c) Você deve limpar _____ embalagens, retirando toda

_____ sujeira antes de descartá-las.

204

4 Na atividade **3**, ligue cada palavra que você escreveu ao substantivo que está relacionado a ela. Depois, explique o que você observou antes de escrever **o**, **a**, **os** ou **as** nas frases.

_____
_____
_____

5 Observe os substantivos que aparecem sublinhados nesta frase.

> Os alimentos que contêm proteínas, açúcares e gorduras são excelentes fontes de energia.

a) Os substantivos destacados estão no singular ou no plural?

_____

b) Como ficariam essas palavras se estivessem no singular?

_____

c) Na frase, há uma palavra que faz o plural de modo diferente. Que palavra é essa? Escreva-a no singular e no plural.

_____

6 Reescreva as frases, colocando todos os substantivos no plural e também as palavras relacionadas a eles.

> O plástico deve ser colocado na lixeira vermelha.
> O vidro, na lixeira verde.
> A lixeira azul é para papel e a amarela, para metal.

_____
_____
_____
_____

205

7 Use **qu** ou **gu** e complete estas palavras.

es_____eleto moran_____inho alu_____el

ami_____inha par_____e che_____e

ban_____inho pin_____inho le_____e

8 Complete estas palavras com **c** ou **g** e depois escreva-as.

_____omprar – _____ _____ara – _____

lu_____ar – _____ _____ritar – _____

_____onseguir – _____ pêsse_____o – _____

o_____upado – _____ _____raças – _____

lar_____ar – _____ _____alçada – _____

_____rudado – _____ _____rama – _____

9 Complete as frases com pronomes pessoais.

a) Vanessa ganhou um girassol. _____ gostou muito do presente.

b) Tuca e Didi são irmãos. _____ cultivam flores.

c) Eu e Cátia fomos ao Jardim Botânico. _____ ganhamos mudas de rosas.

d) As flores alegram a vida de todos. _____ são uma alegria!

10 Contorne os verbos destas frases.

a) A amiga esperou por ela.

b) Você perdeu a prova.

c) Geraldo viajou para Campinas.

d) Os homens discutiram muito.

e) Reginaldo saiu apressadamente.

f) Todos irão à festa de carro.

11 Complete as frases com os verbos entre parênteses nos tempos pedidos.

a) Nós _____ nossos pais. (amar – presente)

b) Eu _____ para a prova de amanhã. (estudar – futuro)

c) Elas _____ o quadro de giz. (apagar – passado)

d) Amanhã, eles _____ uma festa. (dar – futuro)

12 Forme frases seguindo as instruções.

a) Um pedido negativo.

_____
_____
_____
_____

b) Uma ordem negativa.

_____
_____
_____
_____

c) Um conselho afirmativo.

_____
_____
_____
_____

LIÇÃO 13

PARQUE NACIONAL DE ITATIAIA

VAMOS COMEÇAR!

As reportagens podem ter os mais variados assuntos. Leia uma reportagem publicada no *site* de uma revista de divulgação científica para crianças, a *Ciência Hoje das Crianças*.

Parque Nacional de Itatiaia
A primeira área de preservação ambiental do Brasil

PARQUES DO BRASIL - 17-10-2017 MEIO AMBIENTE

Não é novidade que as florestas brasileiras vêm sendo destruídas desde que o país foi descoberto pelos europeus, há mais de 500 anos. Mas a preocupação com a preservação dos recursos naturais no Brasil é quase tão antiga quanto sua exploração. Você sabia? Já no século 18, por exemplo, foi criado no Brasil colônia o cargo de Juiz Conservador das Matas. Documentos daquela época também comprovam a preocupação da Coroa portuguesa com a conservação da Mata Atlântica, como uma Carta Régia de 1797, que afirma ser "necessário tomar todas as precauções para a conservação das matas no Estado do Brasil, e evitar que elas se arruinem e destruam [...]". Viu?

Infelizmente, essas ideias conservacionistas demoraram ainda muitos anos para serem levadas a sério. Por esse motivo, grande parte da Mata Atlântica original foi destruída, tendo que ceder espaço para as cidades, indústrias e fazendas.

O Pico das Agulhas Negras (ao fundo), um dos pontos mais altos do Brasil, está localizado no Parque Nacional de Itatiaia.

Somente no século 20 começamos a perceber a importância de se preservar os trechos que restaram dessa exuberante floresta brasileira.

Foi então que, há exatos 80 anos, uma grande área da Mata Atlântica foi escolhida para a criação do primeiro parque nacional do Brasil: o Parque Nacional de Itatiaia, localizado na parte sul da divisa entre os estados do Rio de Janeiro e Minas Gerais. Hoje, ele protege um trecho importante do conjunto de montanhas conhecido como Serra da Mantiqueira.

Uma das principais características do parque é o seu relevo. Itatiaia é um termo indígena que significa algo como "pedra com pontas". O parque ganhou esse nome por causa dos muitos picos daquela região. No parque, encontra-se, por exemplo, o Pico das Agulhas Negras, um dos mais altos do Brasil, com 2.800 metros de altitude. Nessas partes mais altas do parque, a floresta dá lugar à vegetação rasteira, chamada de campos de altitude, onde o inverno é tão rigoroso que pode fazer temperaturas de até menos 10 graus durante a noite! Logo abaixo, extensas áreas de floresta tropical, com vegetação exuberante, cercam o parque.

Da combinação de serras e florestas o que acontece, geralmente, é a existência de água em abundância. São tantos riachos, cachoeiras e piscinas naturais que o Itatiaia ficou conhecido como "castelo de águas". Um castelo que abriga outra riqueza impressionante: cerca de 1.500 espécies de plantas, 5.000 insetos, 50 mamíferos e 400 aves! Aliás, o parque é um dos melhores locais para a prática do turismo de observação de aves em todo o mundo!

Parabéns ao Parque Nacional de Itatiaia por seus 80 anos! Parabéns também a todos aqueles que lutaram pela criação desta e de todas as outras áreas de preservação do Brasil!

Vinicius São Pedro. Parque Nacional de Itatiaia. *Ciência Hoje das Crianças*, 17 dez. 2017. Disponível em: http://chc.org.br/coluna/parque-nacional-de-itatiaia/. Acesso em: 30 ago. 2022.

ESTUDO DO TEXTO

1 A reportagem fornece informações sobre o Parque Nacional de Itatiaia. Releia-a e responda às questões.

a) Quando o parque foi criado?

_____

b) Onde ele fica localizado?

_____

c) Por que foi criado?

_____

2 A reportagem foi publicada no *site* de uma revista de divulgação científica para crianças. Esse tipo de reportagem tem o objetivo de:

☐ contar histórias ao público leitor.

☐ esclarecer o público sobre fatos ligados à ciência.

☐ ensinar a fazer algo.

3 Releia o título e o subtítulo da reportagem.

> título → **Parque Nacional de Itatiaia**
> subtítulo → A primeira área de preservação ambiental do Brasil

a) Na sua opinião, o título é chamativo? Por quê?

_____

_____

b) O subtítulo tem a função de:

☐ complementar as informações dadas no título.

☐ organizar a leitura.

☐ explicar o assunto da reportagem.

210

c) Elabore outro título para essa reportagem.
_____
_____

4. Segundo a reportagem, Itatiaia é uma palavra indígena que significa "pedra com pontas". Observe a imagem que acompanha a reportagem e responda: Por que os indígenas deram esse nome àquela região?
_____
_____

5. Por que Itatiaia é conhecida como "castelo de águas"?
_____
_____

6. Na reportagem, o autor afirma que Itatiaia é um dos melhores locais para a prática de turismo de observação de aves.

a) Você gostaria de viajar para um lugar para observar aves? Por quê?
_____
_____
_____
_____

b) Você gostaria de conhecer o Parque Nacional de Itatiaia? Por quê?
_____
_____
_____
_____

211

ESTUDO DA LÍNGUA

Verbo: pessoa e número

Leia as frases a seguir.

> Documentos antigos **comprovam** a preocupação com a conservação da Mata Atlântica.
>
> O Parque Nacional de Itatiaia **protege** um conjunto de montanhas conhecido como Serra da Mantiqueira.

Os verbos **comprovam** e **protege** foram modificados para concordarem com as palavras que os antecedem. Veja:

> Documentos antigos → plural → comprovam
>
> O Parque Nacional de Itatiaia → singular → protege

Outra variação sofrida pelos verbos, além do tempo, é a de pessoa e número.

Você viu que existem dois números gramaticais (singular e plural) e, no estudo dos pronomes, três pessoas do discurso.

Pessoa do discurso	Singular	Verbo flexionado
1ª pessoa	Eu	amo
2ª pessoa	Tu	amas
3ª pessoa	Ele/ela	ama

Pessoa do discurso	Plural	Verbo flexionado
1ª pessoa	Nós	amamos
2ª pessoa	Vós	amais
3ª pessoa	Eles/elas	amam

ATIVIDADES

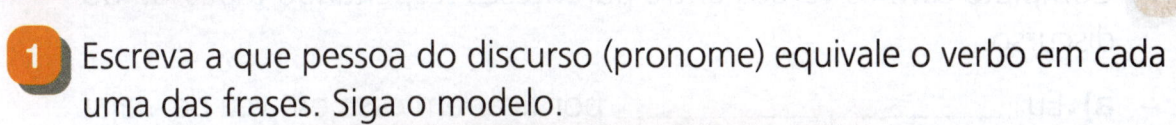

1 Escreva a que pessoa do discurso (pronome) equivale o verbo em cada uma das frases. Siga o modelo.

> Jantaram, mas logo foram embora.
> **eles/elas**

a) Aproveitei bastante o período de férias.

___

b) Brincou o dia inteiro.

___

c) Disseram que querias falar comigo.

___

d) A que horas chegastes da festa?

___

e) Quero que venhas à minha sala para conversarmos.

___

2 Escreva frases de acordo com as indicações.
a) verbo **estar**, 3ª pessoa do singular

___

b) verbo **fazer**, 2ª pessoa do plural

___

c) verbo **pôr**, 1ª pessoa do plural

___

213

3 Complete com os verbos entre parênteses respeitando a pessoa do discurso.

a) Eu _____ por ficar em casa em vez de viajar. (optar – pretérito)

b) Assume tuas responsabilidades! Não _____ viver fugindo! (poder – presente)

c) Amanhã, com certeza, _____ me sentindo melhor. Só _____ descansar um pouco. (estar – futuro, precisar – presente)

d) Todos os domingos, eu e minha família _____ passar o dia juntos. (procurar – presente)

e) O delegado _____ que os policiais retomassem a investigação. (sugerir – pretérito)

4 Considere as orações do quadro para responder às perguntas.

> I. Quando saí do cinema, Luciana e Bárbara chegaram.
> II. Eunice estava na festa e percebeu que esquecera o presente.
> III. Serão divulgadas, na próxima semana, as notas finais.

a) Qual das frases traz vários verbos concordando com apenas uma pessoa? Especifique a pessoa (na frase e no discurso).

_____

b) Quantas pessoas do discurso há na frase **I**? Determine-as.

_____

c) Em qual das frases a pessoa do discurso não está na ordem direta?

_____

d) Qual o tempo verbal em cada uma das frases?

_____

ORTOGRAFIA
Palavras com g e j

1 Releia este trecho da reportagem.

> Foi então que, há exatos 80 anos, uma grande área da Mata Atlântica foi escolhida para a criação do primeiro parque nacional do Brasil: o Parque Nacional de Itatiaia, localizado na parte sul da divisa entre estados do Rio de Janeiro e Minas Gerais. Hoje, ele protege um trecho importante do conjunto de montanhas conhecido como Serra da Mantiqueira.
>
> Uma das principais características do parque é o seu relevo. Itatiaia é um termo indígena que significa algo como "pedra com pontas". O parque ganhou esse nome por causa dos muitos picos daquela região. [...]

Agora, responda:

a) Quais palavras desse trecho são escritas com a letra **j**?

_____

b) Em quais palavras do trecho a letra **g** tem o mesmo som da letra **j**?

_____

2 Leia esta quadrinha em voz alta e observe as palavras destacadas.

> Com **jeito** tudo se arranja,
> De tudo o jeito é capaz,
> A coisa é ajeitar o jeito,
> E isso pouca **gente** faz.
>
> Domínio público.

O que você percebe em relação ao som de **g** e **j** nas palavras **jeito** e **gente**?

_____

_____

215

3. Neste diagrama, encontre palavras com **g** e com **j** e contorne-as.

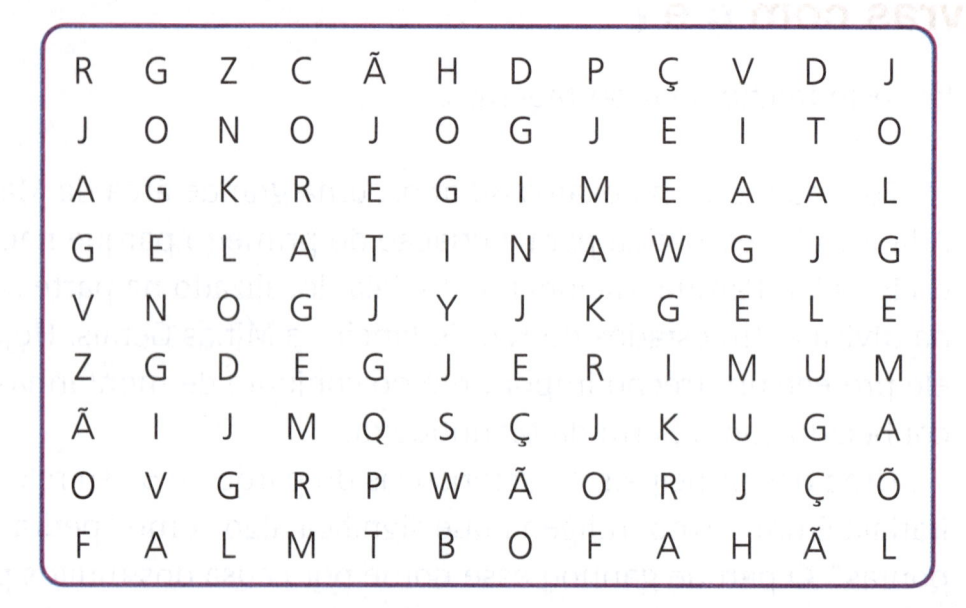

R	G	Z	C	Ã	H	D	P	Ç	V	D	J
J	O	N	O	J	O	G	J	E	I	T	O
A	G	K	R	E	G	I	M	E	A	A	L
G	E	L	A	T	I	N	A	W	G	J	G
V	N	O	G	J	Y	J	K	G	E	L	E
Z	G	D	E	G	J	E	R	I	M	U	M
Ã	I	J	M	Q	S	Ç	J	K	U	G	A
O	V	G	R	P	W	Ã	O	R	J	Ç	Õ
F	A	L	M	T	B	O	F	A	H	Ã	L

Agora, organize no quadro a seguir as palavras que você localizou.

Palavras com G	Palavras com J

A letra **g** representa o mesmo som que a letra **j** sempre que vem seguida de **e** ou **i**. Exemplos: gelo, ginásio, jenipapo, jiló.

4. Complete as palavras. Depois, verifique em um dicionário se você escreveu as palavras corretamente.

berin____ela   ti____ela   ____ipe   ____irassol

216

UM TEXTO PUXA OUTRO

Leia esta tira de Mauricio de Sousa, com a personagem Magali.

Mauricio de Sousa. Turma da Mônica.
O Estado de S. Paulo. São Paulo, 20 jun. 2012.

1 Depois de ler a tirinha, descreva o que aconteceu em cada um dos quadrinhos.

_____
_____
_____
_____
_____
_____

2 Em todos os quadrinhos da tirinha, há uma placa indicando "eco".

a) O que é **eco**? Escreva o significado nas linhas abaixo. Se não souber, procure essa palavra no dicionário.

_____
_____

217

b) Agora que você já sabe o que significa **eco**, escolha a alternativa que explica melhor por que o último quadrinho torna a tira engraçada.

☐ Na tira, no lugar do retorno de um som, há o retorno de uma casca de banana.

☐ Na tira, no lugar do retorno de um som, há o retorno da casca de banana descartada inadequadamente pela personagem.

☐ Na tira, Magali arremessa longe a casca de banana.

3 Observe o segundo quadrinho da tira e comente a atitude de Magali ao descartar a casca da banana.

_____
_____
_____
_____
_____

4 O que o autor da tira pretende mostrar com o terceiro quadrinho?

_____
_____
_____
_____
_____

5 Qual a relação entre o texto lido no **Vamos começar** e essa tirinha?

_____
_____

218

PRODUÇÃO DE TEXTO

As reportagens podem apresentar os assuntos mais diversos.

Que tal se reunir com os colegas e escrever uma reportagem sobre um acontecimento da escola? Mãos à obra!

Preparação

Em grupos, passeiem pela escola e observem os detalhes, em busca de algum assunto que possa ser o tema da reportagem.

Sugestões de temas possíveis:

- Existem trabalhos de outra turma expostos em um mural?
- Quem são os funcionários da escola e o que fazem no dia a dia?
- Todo mundo joga o lixo na lixeira?
- A escola promove uma feira literária ou de ciências?
- Existe algum grupo de teatro na escola?
- Aconteceu alguma situação interessante na escola nos últimos tempos?

Planejamento

Depois de escolhido o tema da reportagem, planejem-na juntos:

- Que fato ocorreu, ocorre ou ocorrerá na escola?
- Quem participou, participa ou participará desse fato?
- Quando o fato ocorreu, ocorre ou vai ocorrer?
- Entre os participantes, quem pode ser entrevistado para dar seu depoimento?

Criação

Entrevistando os participantes: com a orientação do professor, preparem duas ou três entrevistas com os participantes elencados, criando um roteiro com perguntas que levantem mais detalhes e a opinião deles sobre o fato escolhido.

Depois de preparado o roteiro, dividam-se para realizar as entrevistas, lembrando-se de pegar os dados do entrevistado (nome, idade, função), de anotar as respostas e, ao final, agradecer ao entrevistado pela disposição em participar.

Reunidas as entrevistas, levantem nelas aqueles que consideram ser os principais pontos ou opiniões apresentados.

Escrita do texto: escrevam um rascunho que relate o fato escolhido, apresentando a situação e os principais pontos levantados pelos participantes. Enriqueçam os principais pontos com trechos dos depoimentos, identificando os entrevistados. Organizem o texto em parágrafos e prestem atenção à pontuação.

Depois de escreverem, criem um título e um ou mais subtítulos para organizar a reportagem.

Decidam juntos que fotografias ou ilustrações vão compor a reportagem e criem legendas para cada uma delas.

Revisão

Troquem o rascunho com outro grupo e revisem juntos a produção dos colegas, observando:

- O tema escolhido está claro e foi apresentado para o leitor, identificando local e data?
- Os principais pontos foram apresentados e enriquecidos por falas dos participantes?
- Os participantes foram identificados?
- As imagens escolhidas ilustram a reportagem? Elas têm legendas claras?
- O título e o(s) subtítulo(s) estão adequados ao tema e aos principais pontos?

Anotem os ajustes e comentários no próprio rascunho, para facilitar a reescrita da reportagem.

Reescrita e edição

Planejem a correção e as readequações do texto anotadas, levando em conta os locais nos quais serão inseridos o título, os subtítulos, as fotografias e as legendas. Reescrevam a reportagem conforme planejado. Se possível, digitem a reportagem no computador, fazendo uma última revisão antes da impressão.

As imagens fotográficas ou ilustrações poderão ser digitalizadas ou coladas no papel impresso. Lembrem-se de colocar a autoria da reportagem!

Publicação

Depois de impressas as reportagens, o professor vai reuni-las para compor uma revista de reportagens da turma que poderá ser doada à biblioteca. Além disso, as reportagens serão utilizadas para a turma produzir um jornal de rádio na próxima seção.

AMPLIANDO O VOCABULÁRIO

abundância

(a-bun-**dân**-cia): em grande quantidade, farto.

Exemplo: *A água existia ali em abundância.*

campos de altitude

(**cam**-pos de al-ti-**tu**-de): vegetação rasteira, encontrada em áreas elevadas e onde predominam rochas expostas.

Exemplo: *Visitamos os campos de altitude onde a vegetação é rasteira.*

Carta Régia

(**Car**-ta **Ré**-gia): documento oficial assinada por um rei ou rainha.

Exemplo: *A Carta Régia foi escrita em 1797.*

conservacionista

(con-ser-va-ci-o-**nis**-ta): aquele que luta pela preservação do meio ambiente.

Exemplo: *As ideias conservacionistas demoram para se tornar realidade.*

exuberante

(e-xu-be-**ran**-te): em grande quantidade, farto.

Exemplo: *É importante conservar essa exuberante floresta!*

precauções

(pre-cau-**ções**): cuidado, prevenção, cautela.

Exemplo: *No trato com a natureza, é preciso precaução.*

LEIA MAIS

Os bichos da estação

Ricardo Pirozzi. São Paulo: Ibep Jr., 2010.

Este livro conta a história de uma menina que, ao se perder na floresta, vive uma bela aventura e aprende a importância da preservação do meio ambiente.

LIÇÃO 14

EVA FURNARI

VAMOS COMEÇAR!

💬 Você conhece a escritora e ilustradora Eva Furnari? Já leu alguma história escrita e ilustrada por ela? Qual? Leia o texto a seguir.

Eva Furnari

Biografia

[...]

Eva Furnari (Roma, Itália, 1948). Autora de histórias infantis, ilustradora, professora e arquiteta. Vive no Brasil desde os dois anos de idade, após a família radicar-se em São Paulo em 1950. Desde criança é atraída pelas imagens e pela pintura. Fruto dessa afinidade e de sua formação, seus desenhos são apresentados pela primeira vez em 1971, em uma mostra individual na Associação Amigos do Museu de Arte Moderna. Forma-se em arquitetura pela Faculdade de Arquitetura e Urbanismo da Universidade de São Paulo (FAU/USP), e segue participando de diversas exposições de desenhos e pinturas. Participa da idealização e da montagem do Ateliê Permanente do Museu Lasar Segall, onde trabalha de 1976 a 1979. Estreia em livro em 1980, com a coleção Peixe Vivo, narrativas visuais para crianças não alfabetizadas. Nessa mesma época, inicia colaboração como ilustradora para diversas publicações – entre elas, o jornal *Folha de S.Paulo*, em cujo suplemento infantil publica histórias da personagem Bruxinha. Alguns de seus títulos são adaptados para o teatro, como *A Bruxa Zelda*, *Os 80 docinhos* e *Truks* – que ganha o Prêmio Mambembe em 1994. Em 2000, desenvolve a caracterização dos personagens do *Sítio do Picapau Amarelo*, criação de Monteiro Lobato (1882-1948) refilmada pela Rede Globo de Televisão, e, em 2002, é escolhida para ilustrar a reedição de seis livros infantis de Érico Veríssimo (1905-1975).

Fonte: Itaú Cultural. Disponível em: https://goo.gl/qakqSy. Acesso em: 30 ago. 2022.

ESTUDO DO TEXTO

1 O texto que você acabou de ler é uma biografia. Marque um **X** na alternativa que indica as características de uma biografia.

☐ Narra uma história com personagens, como fadas e bruxas.

☐ Relata fatos importantes da vida de uma pessoa ao longo do tempo.

☐ Ensina a fazer algo.

2 Na biografia, como os fatos da vida de Eva Furnari foram organizados?

☐ Do mais novo para o mais antigo.

☐ Do mais antigo para o mais recente, ou seja, em sequência temporal.

☐ Do mais importante para o menos importante.

3 Nessa biografia, os fatos são narrados:

☐ pela própria pessoa.

☐ por outra pessoa.

223

4 Onde essa biografia foi publicada? Verifique essa informação ao final do texto.

_____

5 O que a pessoa biografada faz?

_____

6 Que obra de Eva Furnari recebeu um prêmio?

_____

> **Biografia** é o relato de fatos de várias fases da vida de uma pessoa ou personagem. A biografia pode ser oral, escrita ou visual – em livro, filme, vídeo, peça teatral etc.

7 O trecho a seguir tem expressões que indicam tempo. Observe:

> Participa da idealização e da montagem do Ateliê Permanente do Museu Lasar Segall, onde trabalha de 1976 a 1979. Estreia em livro em 1980, com a coleção Peixe Vivo [...]

a) Quando Eva Furnari trabalhou no Museu Lasar Segall?

_____

b) Quando a biografada escreveu sua primeira coleção?

_____

8 Contorne, no trecho a seguir, as expressões que indicam tempo.

> Alguns de seus títulos são adaptados para o teatro, como *A Bruxa Zelda*, *Os 80 docinhos* e *Truks* – que ganha o Prêmio Mambembe em 1994. Em 2000, desenvolve a caracterização dos personagens do *Sítio do Picapau Amarelo* [...]

224

UM TEXTO PUXA OUTRO

Leia outro texto sobre Eva Furnari. Observe as diferenças entre este texto e a biografia das páginas 222 e 223.

Autora e obra

Eu vou contar aqui como é que eu sou. Eu tenho 1,60 m, não sou nem gorda nem magra, tenho cabelos castanhos e uso óculos.

Só que eu estou achando que isso não vai ser suficiente para vocês saberem como é que eu sou, então vou contar mais coisas. Eu adoro sorvete de chocolate, torta de morango e torta de maçã. Hum, desconfio que isso também não vai explicar muito bem quem sou eu.

Posso dizer um pouco da minha maneira de ser, que sou bagunceira e organizada, mas não as duas coisas ao mesmo tempo, uma de cada vez. Por exemplo, quando estou escrevendo ou ilustrando um livro, eu sou bagunceira, quando acabo, sou organizada, e aí arrumo tudo muito bem arrumado.

Eu posso dizer também que, em geral, sou uma pessoa muito bem-humorada, mas que, de vez em quando, também fico de mau humor, só que uma coisa de cada vez. Quando estou de bom humor, garanto que não estou de mau humor.

Pra dizer a verdade eu acho bem difícil a gente contar quem é. Vocês já experimentaram fazer isso? Será que eu ia conhecer vocês ao ler o que escrevessem?

Engraçado, agora eu fiquei muito curiosa de saber quem é você que está lendo este livro. Será que você é uma pessoa grande, pequena, clara, morena, sardenta, que fala muito, fala pouco, que gosta de histórias, que gosta de brincadeiras? Já sei, vou ficar aqui imaginando quem é você.

Eva Furnari

Eva Furnari. *O amigo da bruxinha*. São Paulo: Moderna, 2002. p. 32.

1 No texto "Autora e obra", os fatos são narrados:

☐ pela própria pessoa biografada.

☐ por outra pessoa.

2 O texto que você leu é uma **autobiografia**. O que você acha que significa essa palavra?

_____
_____
_____

3 Quem é a pessoa autobiografada?

_____

4 Onde a autobiografia foi publicada?

_____
_____

5 Identifique pelo menos uma diferença entre essa autobiografia e a biografia da escritora Eva Furnari. Escreva-a abaixo.

_____
_____
_____
_____

Autobiografia é o relato sobre a vida de uma pessoa, escrito por ela mesma.

226

ESTUDO DA LÍNGUA

Adjetivos

Releia este trecho da autobiografia.

Engraçado, agora eu fiquei muito curiosa de saber quem é você que está lendo este livro. Será que você é uma pessoa grande, pequena, clara, morena, sardenta, que fala muito, fala pouco, que gosta de histórias, que gosta de brincadeiras? Já sei, vou ficar aqui imaginando quem é você.

As palavras **grande**, **pequena**, **clara**, **morena**, **sardenta** são características que Eva Furnari escolheu para se referir às pessoas. Essas palavras são chamadas de **adjetivos**.

> **Adjetivo** é a palavra que caracteriza o substantivo concordando com ele em gênero (masculino e feminino) e número (singular e plural).

ATIVIDADES

1 Complete as frases com adjetivos para os substantivos em destaque.

a) Juliana comprou **óculos** _____.

b) Minha **mãe** é _____ e _____.

c) Os **resultados** não foram _____.

d) As **goiabas** _____ estão _____.

e) **Árvores** _____ e _____ enfeitam a praça.

2 Marque **X** nas frases que você considera verdadeiras.

☐ O adjetivo apresenta uma característica do substantivo.

☐ O adjetivo pode vir antes ou depois do substantivo.

☐ Se o substantivo é masculino, o adjetivo também é masculino.

☐ Se o substantivo é feminino, o adjetivo também é feminino.

☐ O adjetivo dá ordens ao substantivo.

☐ Se o substantivo está no singular, o adjetivo também deve estar.

☐ Se o substantivo está no plural, o adjetivo também deve estar.

3 Leia este diálogo entre dois amigos. Em seguida, sublinhe de azul os substantivos e de vermelho os adjetivos do texto.

– Leandro, você me empresta uma bola?
– Claro! Qual você quer? A bola azul ou a bola verde?
– A azul, pode ser?
– Pode! Vou buscá-la. As bolas estão naquele nosso incrível esconderijo!

4 Sublinhe em cada frase os adjetivos. Depois, passe cada frase para o plural. Em seguida, passe-as para o feminino.

a) Meu irmão é alto e corajoso.

_____

_____

b) O macaco é manso, inteligente e engraçado.

_____

_____

228

5 Passe as frases para o feminino.

a) O novo professor de Matemática é mais alto que o antigo.

_____

_____

b) Esse escritor sempre publica livros excelentes.

_____

_____

c) O mergulhador experiente foi paciente comigo.

_____

_____

Sobre os adjetivos das frases que você reescreveu, pode-se afirmar que:

☐ Alguns adjetivos não sofrem flexão de gênero.

☐ Todos os adjetivos foram flexionados para a forma feminina.

☐ Nenhum adjetivo foi flexionado para a forma feminina.

6 Considere as frases abaixo.

> Inácio é um **pobre** viúvo.
> Inácio é um viúvo **pobre**.

- Agora, explique o sentido do mesmo adjetivo empregado nas frases acima.

_____

_____

_____

ORTOGRAFIA

E e I em final de palavra

1 Leia esta canção infantil.

> Um elefante incomoda muita gente.
> Dois elefantes incomodam, incomodam muito mais.
> Três elefantes incomodam muita gente.
> Quatro elefantes incomodam, incomodam, incomodam, incomodam muito mais.
>
> Domínio público.

a) Como poderia ser a continuação dessa cantiga?

_____

_____

b) Contorne, na cantiga, as palavras que terminam com a letra **e**.

2 Leia esta parlenda.

> Da janela lá de casa,
> Vejo coisa que não acaba.
> Vejo até jabuti
> Comendo jabuticaba.
>
> Domínio público.

a) Leia em voz alta estas palavras.

elefante   jabuti

b) Você considera o som das letras finais dessas palavras semelhante ou diferente?

_____

_____

3 Contorne a sílaba tônica das palavras de cada quadro.

jabuti	lambari
aqui	bisturi
rubi	caqui
guri	

elefante	longe
rinoceronte	bife
peixe	tomate
cidade	

a) Todas as palavras do primeiro quadro são:

☐ oxítonas. ☐ paroxítonas.

b) Todas as palavras do segundo quadro são:

☐ oxítonas. ☐ paroxítonas.

c) O que você pode observar em relação à escrita das palavras do primeiro quadro?

_____

d) E em relação às palavras do segundo quadro?

_____

No caso das palavras não acentuadas, a posição da sílaba tônica nos ajuda a saber se ela deve ser escrita com **e** ou **i**. Se a palavra for oxítona, deve ser escrita com a letra **i** no final. Se a sílaba tônica não estiver no final da palavra, escrevemos com **e** no final.

4 Complete o quadro com palavras não acentuadas.

Palavras oxítonas terminadas em E	Palavras paroxítonas terminadas em I

231

EU GOSTO DE APRENDER MAIS

Neste capítulo, você conheceu a autobiografia da escritora e ilustradora Eva Furnari, em que ela mesma relata sobre alguns fatos e preferências de sua vida.

1 Pense: o que seria, então, um **autorretrato**?

a) Reúna-se com mais dois colegas e, em grupo, conversem e tentem formar uma opinião a respeito.

b) Em seguida, com a orientação do professor, troquem ideias com os outros grupos da turma.

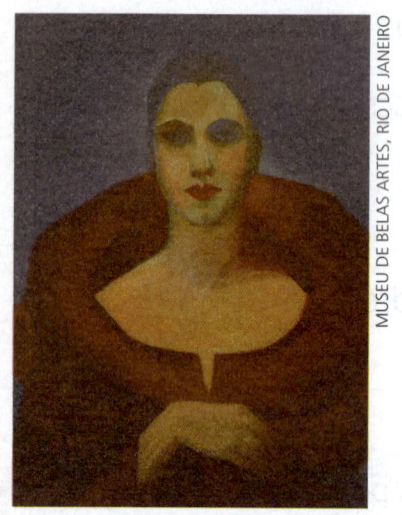

A palavra **autorretrato** é formada por duas partes: **auto**, que significa por si mesmo, e **retrato**, a imagem de uma pessoa. Logo, um autorretrato é a representação de uma pessoa feita por ela mesma. Pode ser, por exemplo, uma pintura, um desenho, uma fotografia.

Nos autorretratos, é comum o foco estar no rosto, embora, às vezes, a pessoa se autorretrate de corpo inteiro.

Autorretrato (1923), de Tarsila do Amaral. Óleo sobre tela, 73 cm × 60 cm.

Observe, por exemplo, a representação de corpo inteiro no autorretrato da pintora Frida Khalo. Também é frequente que a pessoa esteja com semblante sério ou triste, traduzindo seus sentimentos e emoções. Essas características aproximam o autorretrato do gênero autobiográfico.

Autorretrato (Dedicado a Leon Trotsky) (1937), de Frida Kahlo. Óleo sobre painel de madeira, 76,2 cm × 61 cm.

A pintura e o desenho foram a forma mais comum de se autorretratar até bem pouco tempo. Hoje em dia, porém, a fotografia é um meio bastante usado.

Mostrar a câmera para um espelho é um jeito simples de produzir autorretratos. Mas você também pode usar um aparelho celular ou *tablet*.

Autorretrato com chapéu (1928), de Ismael Nery. Óleo sobre tela, 35 cm × 29 cm.

Autorretrato diante de um espelho.

2 Que tal fazer um ou mais autorretratos? O professor combinará com a turma uma forma para que todos possam se autorretratar. Em um dia determinado, haverá a apresentação das produções.

3 Por meio do autorretrato, você notou alguma característica sua que ainda não tinha percebido? Qual(is)? Exponha suas ideias para os colegas e ouça o que eles têm a dizer.

PRODUÇÃO DE TEXTO

Planejamento e criação

Que tal escrever a biografia de um artista, escritor, cantor, músico?

Escolha uma pessoa da qual você goste para relatar os principais fatos da vida dela. Ao final do trabalho, você e seus colegas farão uma coletânea dos famosos mais admirados pela turma, para compor um livro de biografias.

Para produzir seu texto, faça uma pesquisa em livros, revistas, jornais e *sites*, de acordo com as orientações do professor.

Os itens a seguir podem orientar sua pesquisa sobre a pessoa biografada:

- nome completo;
- data de nascimento;
- lugar em que nasceu;
- quando o biografado frequentou a escola (ano em que entrou e ano em que concluiu os estudos);
- onde o artista estudou e em que curso se formou;
- atividade que exerce (se é cantor, ator, músico etc.);
- quando iniciou a carreira;
- quais são seus maiores sucessos (se for o caso);
- curiosidades sobre o biografado.

Anote todas as respostas.

Escreva um rascunho da biografia no caderno, tendo como modelo os textos sobre Eva Furnari e Cecília Meireles.

Revisão e reescrita

Depois de concluído o texto, verifique se a biografia apresenta todos os dados que você pesquisou.

Verifique também se você:

- colocou as informações pedidas no roteiro de pesquisa;
- escreveu a biografia do fato mais antigo para o mais recente;
- colocou informações e curiosidades sobre o biografado.

Escreva a versão final da biografia em uma folha de papel.

Faça uma letra bem legível, pois ela irá para o livro de biografias.

AMPLIANDO O VOCABULÁRIO

afinidade
(a-fi-ni-**da**-de): semelhança, relação.
Exemplo: *Há afinidade entre imagem e pintura.*

narrativas visuais
(nar-ra-**ti**-vas vi-su-**ais**): imagens, acompanhadas de textos ou não, que contam histórias.
Exemplo: *As histórias de Eva Furnari são ricas narrativas visuais.*

radicar-se
(ra-di-**car**-se): fixar residência.
Exemplo: *Eva veio para o Brasil depois de a família radicar-se em São Paulo.*

LEIA MAIS

A infância de... Ana Maria Machado

Carla Caruso. São Paulo: Callis, 2012.

Esta obra relata fatos da infância de uma das maiores escritoras brasileiras de histórias para crianças.

Portinari – crianças famosas

Nadine Trzmielina (texto) e Angelo Bonito (ilustrações). São Paulo: Callis, 2009.

Este livro faz parte da Coleção Crianças Famosas, que conta episódios da infância de grandes músicos, pintores, escritores e inventores da História Universal e do Brasil, com belas ilustrações e texto cativante.

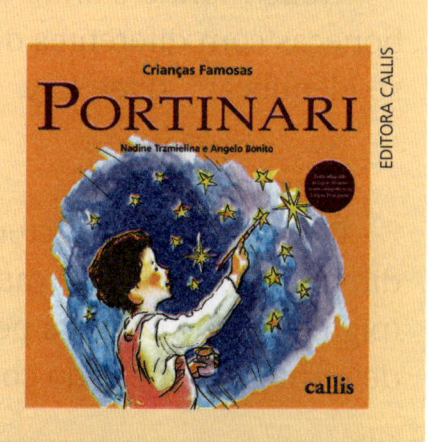

LIÇÃO 15
BONECAS QUE CELEBRAM A DIVERSIDADE

VAMOS COMEÇAR!

Leia o título para saber qual é o assunto tratado na reportagem a seguir, publicada em um jornal destinado às crianças.

Artista cria bonecas com vitiligo e celebra diversidade

17 de outubro de 2017

Kay Black, uma artista de Kansas City, no estado do Missouri, Estados Unidos, resolveu celebrar a diversidade ao criar bonecas personalizadas com condições de pele como vitiligo e albinismo.

Apesar de não ter a doença, Kay inspirou-se em dois modelos famosos – Winnie Harlow, que tem vitiligo, e Shaun Ross, com albinismo – e criou a marca Kay Customz para mostrar que a beleza vai muito além da cor da pele.

A artista é especialista em bonecas de porcelana que representam as mulheres negras, e cria suas personagens com cabelos naturais, tranças, nó bantu e *dreadlocks*, e já fez até bonecos masculinos com barba grossa. Além das bonecas, Kay também vende acessórios de moda.

"Todo mundo é lindo à sua maneira. Sinto que é importante criar bonecas com diferentes distúrbios da pele para que as pessoas possam se identificar", disse Kay.

O que é vitiligo?

É uma doença caracterizada pela diminuição ou falta de melanina (pigmento que dá cor à pele) em determinadas áreas do corpo. O vitiligo

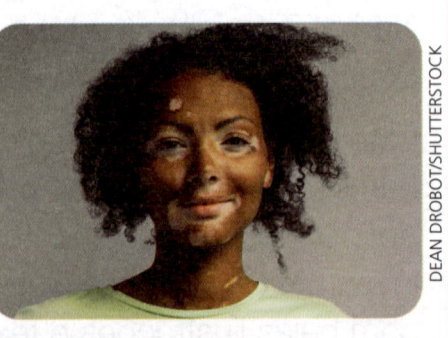

236

surge quando as células que produzem melanina, chamadas de melanócitos, morrem ou deixam de produzir o pigmento.

O que é albinismo?

É um desvio genético que causa uma imperfeição na produção de melanina (pigmento que da cor à pele). Esse desvio provoca a ausência total ou parcial da pigmentação da pele, dos olhos e dos cabelos. O albinismo é hereditário e aparece com a combinação de pais portadores de gene recessivo.

Artista cria bonecas com vitiligo e celebra diversidade. *Joca*, 17 out. 2017. Disponível em: https://www.jornaljoca.com.br/artista-cria-bonecas-com-vitiligo-e-celebra-diversidade/. Acesso em: 31 ago. 2022.

ESTUDO DO TEXTO

1 As reportagens informam sobre fatos.

a) Quem participou do fato relatado na reportagem?

_____

b) Quando a reportagem foi publicada?

_____

c) Onde aconteceu o fato?

_____

d) Para que servem as imagens que acompanham o texto?

_____

_____

_____

As **reportagens** informam fatos: o que aconteceu, quem participou dele, quando e onde ocorreu e por quê.

2 Por que as bonecas criadas pela artista Kay Black são diferentes?
_____
_____

3 Por que a artista resolveu criá-las?
_____
_____

4 O que a artista acha sobre a beleza?
_____
_____
_____

5 Qual a especialidade dela? O que ela representa em seus trabalhos?
_____
_____
_____

6 A reportagem sobre as bonecas foi publicada em um:

☐ jornal impresso.

☐ *site* de entretenimento.

☐ portal de notícias para jovens e crianças.

238

A **reportagem** é um texto jornalístico produzido por repórteres ou jornalistas. As reportagens podem ser impressas ou virtuais.

7 As reportagens são organizadas em parágrafos.

a) Quantos parágrafos há na reportagem?

_____

b) Que parágrafo informa qual foi a inspiração da artista para criar as bonecas com vitiligo e albinismo?

_____

c) Em qual parágrafo está registrado um depoimento da artista criadora das bonecas?

_____

8 Na reportagem, há dois intertítulos. Ele têm a função de:

☐ explicar para o leitor o que são vitiligo e albinismo.

☐ contar uma história de pessoas que têm albinismo e vitiligo.

☐ mostrar como vivem as pessoas com albinismo e vitiligo.

9 Assinale a alternativa incorreta sobre o vitiligo.

☐ É uma doença causada por excesso de pigmentação na pele.

☐ É uma doença que causa manchas em diversas partes do corpo.

☐ Ele surge quando as células que produzem melanina morrem.

10 Assinale as alternativas corretas sobre o albinismo.

☐ É uma doença causada por excesso de pigmentação na pele.

☐ É uma característica genética e hereditária.

☐ É um problema que afeta apenas a pele das pessoas.

UM TEXTO PUXA OUTRO

Assim como as reportagens apresentam as falas de pessoas, existem outros textos que também apresentam vozes, como os textos teatrais. Os textos teatrais são escritos para serem montados e encenados em uma peça, um espetáculo.

Leia o trecho de um texto escrito para teatro e repare na forma como é apresentado o diálogo entre as personagens.

Cinderelo

ATO ÚNICO

[...] **Bobo**: E logo se descobriu que a rainha estava grávida! Eles estavam muito felizes, afinal estava vindo o primeiro filho do reino! As coisas só estavam complicadas para mim.

(A Rainha volta com um barrigão e senta-se)

Rei: Palhaçooooo! Minha rainha está enjoada, e deseja sorrir um pouco, colabore ou te jogo no calabouço!

Bobo: Mas, ela já conhece todas as minhas piadas...

Rei: Reinvente. [...]

Bobo: Era uma vez uma galinha pedrês...

Rei: Essa ela já conhece, essa é sem graça... Muito sem graça. [...]

Rainha: E eu estou com desejo...

Rei: Desejo de quê, minha rainha?

Bobo: Seja o que for, eu consigo para a senhora.

Rainha: Não riam... tá bem? Eu estou com desejo de comer algo diferente, exótico, talvez vocês achem inacreditável, já tive vontade de comer cimento, areia, e quase faço uma edificação dentro de mim... mas, agora me deu vontade de comer cocô de galinha.

Rei: Cocô de galinha, minha rainha?

Bobo: Acho que quem vai vomitar sou eu...

Rainha: Mas se eu não comer o bebê vai nascer com cara de cocô de galinha.

Bobo: Tá bom, eu conheço uma galinha que bota ovos de ouro, irei pegar as caquinhas dela e trarei para a senhora, segundo eu soube

⬇

é uma das caquinhas de galinha mais gostosas de todo o mundo. *(saindo)*

Rainha: Quero essas caquinhas, traga um saco cheio.

Rei: Amor, depois que você come essas coisas exóticas você escova o dente, né? Você nunca me beijou com a boca suja, não é, rainha?

Rainha: Só uma vez, meu rei, me perdoe...

Rei: O que você comeu?

Rainha: Nada demais, só uma minhoquinha que tava na lama do nosso jardim. [...]

Diego Alano. *Cinderelo*. Disponível em: https://goo.gl/nvqVdh. Acesso em: 16 ago. 2022.

1 Você já tinha lido um texto teatral? Converse com os colegas.

2 Quais personagens participam desse trecho do texto?

_____

_____

3 Um dos personagens é o Bobo da corte. O que você sabe sobre os bobos da corte? Conte aos colegas.

4 Qual é a condição da rainha na história?

_____

5 Por que o Bobo afirma que as coisas estavam complicadas para ele?

_____

_____

O **texto teatral** é formado por diálogos, mas também apresenta outros elementos, que podem indicar o cenário ou anunciar algo que ocorre ao longo das cenas. Essas indicações são chamadas de **rubricas**.

6 Por que a rainha pede ao Rei e ao Bobo que não riam, ao revelar seu desejo?

_____

_____

_____

7 Qual tinha sido um dos desejos exóticos dela?

_____

_____

_____

8 Por que o rei perguntou se a rainha escovava os dentes depois de comer as coisas exóticas que ela desejava?

_____

_____

_____

9 Observe a forma como são apresentados os diálogos e responda às questões.

a) Como se pode saber quem está falando de cada vez?

_____

_____

_____

b) Qual é o sinal utilizado para indicar que uma fala se inicia?

_____

_____

10 Sublinhe no texto dois momentos que apresentam informações que não são falas e responda às questões.

a) A rainha estava em cena antes dessa rubrica?
_____

b) A quem se refere a segunda rubrica?
_____

11 Releia a primeira fala do texto. Quem você acha que está contando essa história?

12 Assinale a(s) alternativa(s) correta(s).

☐ O Bobo é o narrador de "Cinderelo".

☐ A rainha não é personagem desse texto teatral.

☐ O Bobo é personagem da história.

☐ O Rei não participa dos diálogos.

13 Que desejos estranhos a rainha tem? Escreva-os abaixo.
_____
_____
_____

14 Releia a última fala da rainha e imagine: O que será que o Rei respondeu? O que você responderia se fosse ele?
_____
_____
_____
_____

243

ESTUDO DA LÍNGUA

Formação de palavras

1 Leia o trecho de uma postagem de blogue de uma ONG que trabalha em prol da preservação ambiental.

> **Ilhas de lixo plástico nos oceanos**
>
> 29 de maio de 2020
>
> No oceano Pacífico há uma enorme camada flutuante de plástico que já é considerada a maior concentração de lixo do mundo, com cerca de 1.000 km de extensão. [...]
> Segundo investigadores, no Atlântico Norte também existe uma lixeira flutuante de detritos de plástico de densidade "comparável à Ilha de Lixo do Pacífico Norte", que tem sido "extremamente ignorada" Estudo de duas décadas foram apresentado no Encontro de Ciências do Oceano, que decorreu em Portland, nos EUA, os detritos flutuantes são constituídos por pedaços de plástico utilizado em inúmeros produtos de consumo, incluindo sacos.
>
> FUNVERDE. Ilhas de lixo plástico nos oceanos. Disponível em: https://bit.ly/3TDcltW. Acesso em: 22 ago. 2022.

a) Segundo a postagem, onde há ilhas de lixo?

b) Na sua opinião, o que deveria ser feito para acabar com o mar de lixo?

2 Localize a palavra **lixeira** no texto da reportagem e circule-a.

A palavra **lixeira** é formada a partir de outra palavra já existente.
Veja: lixo + eira = lixeira
        lixo = palavra primitiva (que dá origem a outra)
        lixeira = palavra derivada (que se originam da palavra primitiva)
A parte **-eira** forma palavras diferentes quando colocada após a palavra original; **-eira** é um **sufixo**.
Sufixos são elementos que, quando acrescentados ao final de uma palavra, formam uma nova palavra.

244

3 Organize as palavras nas colunas correspondentes.

> atualizar – abordar – improvisar – beleza –
> belo – abordagem – atual – improviso

Palavra primitiva	Palavra derivada

4 Leia as palavras e circule a parte comum a todas elas.

lancheira   manteigueira   pipoqueira   saladeira   sapateira

Complete as lacunas com a palavra que deu origem a cada palavra da lista anterior.

a) Guardamos o _____ na lancheira.

b) Colocamos a _____ na manteigueira.

c) Fazemos _____ na pipoqueira.

d) Colocamos a _____ na saladeira.

e) Guardamos os _____ na sapateira.

Veja outros sufixos:
- **-ista**: forma nomes de profissões, como jornalista, dentista, radialista;
- **-oso**: forma adjetivos, como vaidoso, caloroso, amoroso;
- **-aria**: forma nomes de estabelecimentos, como padaria, papelaria.

5 Utilize sufixos para formar palavras derivadas.

flor _____

pedra _____

245

ORTOGRAFIA

Palavras com l e u em final de sílaba

1 Leia uma carta feita especialmente para você.

> Olá, querido(a),
>
> Gostaria de te lembrar o quanto és **incrível**. Por favor, não deixe de lutar para **alcançar** os seus sonhos, e não se entristeça tanto por **causa** das circunstâncias. Use cada **dificuldade** como um **degrau** no seu aprendizado. Por fim, saiba que, no **final**, as coisas acabam bem.
>
> Com amor.
> As autoras.

- O que você percebeu em relação ao som final das sílabas destacadas? E quanto à escrita?

2 Retire do texto as palavras que apresentam **l** ou **u** no final da sílaba. Em seguida, separe as sílabas.

L e U em final de sílaba	Separação silábica

3 Complete as palavras com **l** ou **u**. Depois, consulte o dicionário para verificar se você escreveu as palavras corretamente.

ca____çada   lua____   inúti____   tra____ma

lea____   ova____   pape____   pince____

ceno____ra   aventa____   a____ça   minga____

caca____   ca____do   a____finete   a____tenticidade

4 Forme frases com as palavras abaixo.

a) genial

_____
_____

b) lençol

_____
_____

c) pausa

_____
_____

5 Pesquise e escreva as definições das palavras abaixo.

a) abril: _____
_____
_____

b) abriu: _____
_____
_____

c) calda: _____
_____
_____

d) cauda: _____
_____
_____

PRODUÇÃO DE TEXTO

Na lição 13, você participou da escrita de uma reportagem. Agora, seu grupo vai se reunir para apresentá-la oralmente, compondo um jornal de rádio.

Preparação geral

Com os colegas, escute trechos de programas de rádio que apresentam notícias, selecionados pelo professor, reparando na forma como o locutor narra as notícias:

- Como ele(a) apresenta o assunto principal?
- Há falas ou depoimentos de pessoas envolvidas ou especialistas?
- Qual é o ritmo da fala utilizada pelo locutor? Ele(a) fala de uma forma diferente ou que chama a atenção por algum motivo?
- O que será que desperta a atenção do ouvinte para escutar as notícias?
- Que tipo de ouvinte escuta programas como esses?

Troquem ideias sobre o assunto. Combinem uma data com o professor, planejando anteriormente o espaço e a forma como será gravado o programa.

Preparação dos grupos

Reúnam-se novamente nos mesmos grupos e dividam a reportagem, para que todos possam falar uma parte. A divisão poderá ser feita pelos parágrafos, ou pela leitura do título, dos subtítulos, dos fatos narrados e dos depoimentos.

Ensaio

Prepare sua parte individualmente, treinando a leitura em voz alta, lembrando dos programas de rádio que escutou. Após os ensaios individuais, ensaiem juntos, promovendo a leitura na ordem combinada até que a mesma esteja fluente.

Apresentação

Gravem o jornal, conforme planejado. Ele poderá ser reproduzido para os familiares ou para os ouvintes escolhidos pela turma.

AMPLIANDO O VOCABULÁRIO

calabouço
(ca-la-**bou**-ço): local escuro, fechado e úmido, geralmente, no subterrâneo de castelos.
Exemplo: *O Rei ia mandar o Bobo para o calabouço.*

detritos
(de-**tri**-tos): materiais, resíduos.
Exemplo: *A quantidade de detritos é impressionante!*

edificação
(e-di-fi-ca-**ção**): construção de casa ou edifício.
Exemplo: *Depois de comer tantos materiais de construção, a Rainha tinha uma edificação no estômago.*

exótico
(e-**xó**-ti-co): fora dos padrões, extravagante, excêntrico.
Exemplo: *Com certeza, comer cocô de galinha é um gosto bem exótico!*

flutuantes
(flu-tu-**an**-tes): que flutuam.
Exemplo: *É triste ver ilhas de lixo flutuantes!*

LEIA MAIS

Acesse estes *sites* e leia outras reportagens.
Jornal Joca: https://jornaljoca.com.br/
Ciência Hoje das Crianças: http://chc.org.br/
O Brasileirinho: https://www.obrasileirinho.com.br/
Folhinha Reportagens: http://www1.uol.com.br/criancas/report.htm

LIÇÃO 16

BRANCA DE NEVE

VAMOS COMEÇAR!

Você conhece a história da Branca de Neve?

Além de Branca de Neve, que outros personagens fazem parte desse conto?

Leia o texto a seguir.

Branca de Neve

Era uma vez... em um reino muito distante, **num dia muito frio,** uma bela rainha estava sentada perto da janela, bordando um lençol de nenê. Sem querer, ela espetou o dedo na agulha e caíram três gotas de sangue. Então a rainha **olhou para fora** e fez um pedido:

— Quero ter uma filha de pele **branca como a neve que está caindo,** cabelos **pretos como a madeira desta janela** e boca vermelha como o sangue que saiu do meu dedo.

Alguns meses depois, a rainha deu à luz uma menina do jeitinho que tinha pedido. E resolveu chamá-la de Branca de Neve. Dia e noite ela ficava do lado da filha, cuidando dela com muito amor e carinho.

Mas a rainha morreu antes de criar a filha como queria.

O rei chorou durante meses, até que conheceu uma princesa lindíssima e se casou com ela. A princesa só tinha beleza, porque o resto nela era só vaidade, orgulho e malvadeza. O dia todo ficava na frente do espelho, perguntando:

— Espelho, espelho meu, existe no mundo mulher mais bonita do que eu?

E o espelho, que era mágico, dizia:

— Não, rainha, você é a mais linda.

Enquanto a rainha conversava com o espelho, Branca de Neve crescia bonita como ela só, era de uma formosura que não tinha igual no planeta inteiro. Tanto assim que um dia a rainha ouviu do espelho uma resposta que não esperava:

— Sim, existe outra muito mais bonita que você.

— E quem é essa atrevida? – perguntou ela.

— Branca de Neve!

Desde então a rainha que era má, começou ameaçá-la.

Branca de Neve com medo foi se refugiar na floresta, na casa dos sete anões.

[...]

Enquanto isso a rainha preparava um plano mirabolante, transforma-se na bruxa mais horripilante e má...

De repente surpreendentemente aparece na janela uma velhinha pedindo água à Branca de Neve. Ela muito boa recebe a velha e esta em agradecimento oferece à Branca de Neve uma maçã, e pede a ela que dê uma mordida e faça um pedido.

Mal sabia ela que aquela velha era a rainha, sua madrasta, aplicando-lhe o golpe fatal.

Infelizmente Branca de Neve não resistiu e caiu no sono da morte.

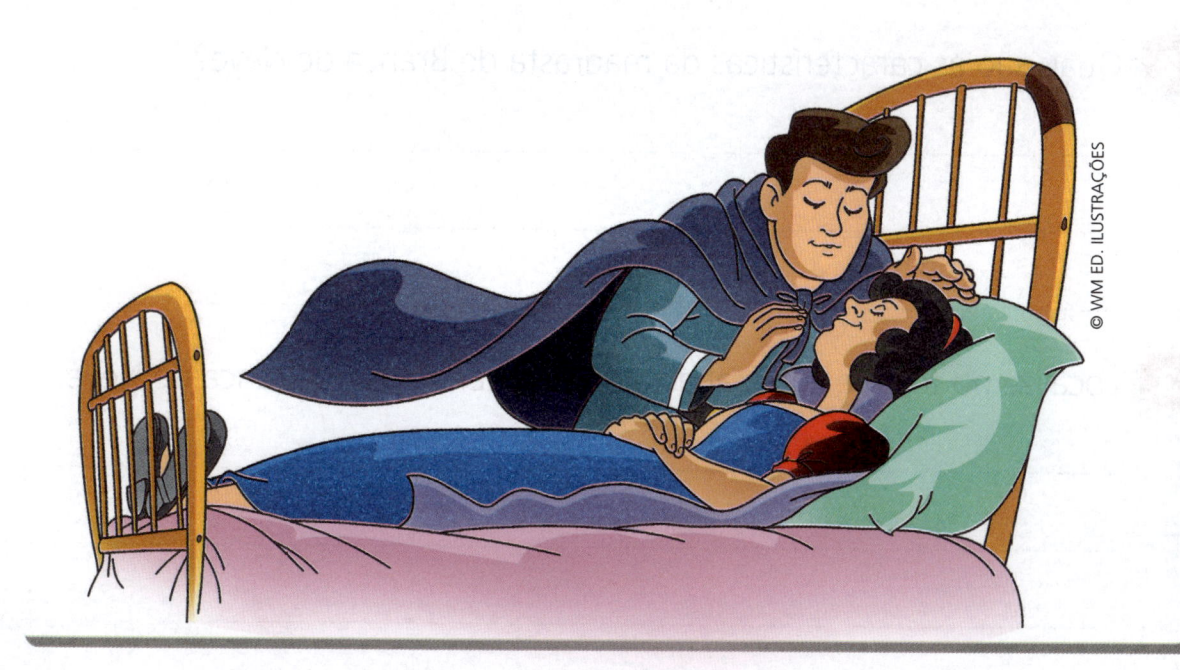

Os anões chegaram logo após, mas não conseguiram impedir que ela mordesse a maçã, mas conseguiram finalmente acabar com a bruxa, perseguiram-na até que despencou de um penhasco, morrendo em seguida.

A tristeza toma conta dos anõezinhos.

Quando de repente um jovem aproxima-se de Branca de Neve, naquele sono profundo e lhe dá um beijo apaixonado.

Imediatamente Branca de Neve desperta do sono da morte e vai embora com seu príncipe, agradecendo aos anões por tudo que fizeram por ela.

Mini Web Educação. Disponível em: https://goo.gl/ai4JD.
Acesso em: 28 ago. 2022.

ESTUDO DO TEXTO

1 Quais personagens participam da história?
_____
_____

2 Quais são as características da madrasta de Branca de Neve?
_____
_____
_____

3 Localize no texto e copie abaixo as características de Branca de Neve.
_____
_____
_____
_____

4 Em que lugares a história acontece?

_____

5 Quem é o personagem principal desse conto?

☐ O príncipe.   ☐ Branca de Neve.

☐ Os sete anões.   ☐ A madrasta.

Justifique sua resposta.

_____
_____
_____
_____

6 Que personagem se opõe a Branca de Neve?

☐ Os anões.

☐ A madrasta.

☐ O príncipe.

> Nos **contos de fadas**, os heróis e as heroínas são príncipes e princesas, rapazes e moças bondosos, que precisam superar obstáculos e provas. Essas histórias também são caracterizadas por elementos mágicos e de encantamento.

7 Por que Branca de Neve teve de se refugiar na casa dos anões?

_____
_____
_____

253

8 O que a madrasta fez para tentar matar Branca de Neve? Assinale as alternativas corretas.

☐ Transformou-se numa velhinha.

☐ Mandou os anões matarem a jovem.

☐ Envenenou uma maçã e deu a fruta para a moça.

☐ Deixou-a na floresta para morrer.

9 Por que a madrasta queria que Branca de Neve morresse?

_____

_____

> **Contos de fadas** são histórias da tradição oral, contadas de geração em geração, que se concentram nos poderes mágicos de fadas, bruxas, duendes e outros seres fantásticos.

10 Assinale com um **X** as características de contos de fadas que aparecem em "Branca de Neve".

☐ princesa   ☐ bruxa   ☐ rainha
☐ fada   ☐ gigante   ☐ reino
☐ duendes   ☐ príncipe   ☐ floresta
☐ magia   ☐ anões   ☐ animais falantes

11 Em quase todos os contos de fadas, há um final feliz, em que o herói ou a heroína vence o mal ou resolve o problema que enfrentava. Em "Branca de Neve" há um final feliz? Por quê?

_____

_____

12 Leia este trecho do conto "Branca de Neve".

> – Quero ter uma filha de pele branca como a neve que está caindo, cabelos pretos como a madeira desta janela e boca vermelha como o sangue que saiu de meu dedo.

No trecho, a rainha faz três comparações, estabelecendo relações de semelhança. Veja a primeira comparação: **pele branca como a neve**.

a) Localize no trecho as outras duas comparações e copie-as.

_____

_____

b) Indique o que é semelhante nas comparações que você localizou no item anterior.

_____

13 Releia este trecho do conto "Branca de Neve" e observe a palavra destacada.

> Mas, como por encanto, um jovem príncipe se aproximou de Branca de Neve e lhe deu um beijo apaixonado.

Leia o verbete com o significado dessa palavra.

> **príncipe** (prín.ci.pe) *sm*. 1. O filho do rei; 2. membro da família real; 3. *fig*. o que se destaca por seu talento (*Carlos Gomes é o príncipe brasileiro das composições.*); 4. homem ou rapaz que é muito elegante e educaco. *Fem*. **princesa**.
>
> Kandy S. Almeida Saraiva e Rogério Carlos G. Oliveira. *Saraiva Júnior*: dicionário da língua portuguesa ilustrado. 3. ed. São Paulo: Saraiva, 2009. p. 321.

a) Quantos significados da palavra **príncipe** são registrados no verbete lido?

_____

b) Sublinhe, no verbete, o único significado que não corresponde ao usado no texto.

c) Observe a abreviatura *sm*. Ela significa **substantivo masculino**. Que outras palavras são registradas no dicionário com a mesma abreviatura? Consulte o dicionário e dê dois exemplos.

_____

_____

> Você já sabe que no dicionário há abreviaturas que indicam a classificação das palavras. Por exemplo:
> *sm*: substantivo masculino   *sf*: substantivo feminino
> *adj*: adjetivo   *v*: verbo

14 A rainha era muito vaidosa. Leia o verbete.

> **vaidoso** (vai.do.so) (ô) *adj.* 1. Que tem vaidade, que dá muito valor à própria beleza (As pessoas vaidosas ficam na frente do espelho mais tempo do que as outras.); 2. que acha que tudo que é seu é melhor (*Verilda é muito vaidosa e se acha a menina mais linda, a mais inteligente e a que tem a mochila mais bonita da classe.*). *Pl.* **vaidosos** (ó).
>
> Kandy S. Almeida Saraiva e Rogério Carlos G. Oliveira. *Saraiva Júnior*: dicionário da língua portuguesa ilustrado. 3. ed. São Paulo: Saraiva, 2009. p. 436.

a) Qual dos significados lidos aplica-se à madrasta do conto "Branca de Neve", das páginas 250 a 252?

_____

_____

b) O que significa a abreviatura *adj.*, que compõe o verbete?

_____

c) Escreva uma frase usando a palavra **vaidoso** ou **vaidosa**.

_____

ESTUDO DA LÍNGUA

Pontuação e discurso direto

Em um texto, quando as falas dos personagens são reproduzidas diretamente, temos o **discurso direto**. Alguns verbos, como **falar**, **dizer**, **perguntar** e **indagar**, entre outros, são usados para introduzir e dar vida à fala dos personagens. Sinais gráficos, como dois-pontos e travessões são muito usados durante a reprodução das falas.

Usa-se os **dois-pontos** (**:**) para anunciar a fala de alguém.

O **travessão** (**—**) é usado para indicar uma fala em um discurso.

ATIVIDADES

1 Releia o trecho abaixo, extraído do conto "Branca de Neve".

> Enquanto a rainha conversava com o espelho, Branca de Neve crescia bonita como ela só, era de uma formosura que não tinha igual no planeta inteiro. Tanto assim que um dia a rainha ouviu do espelho uma resposta que não esperava:
> — Sim, existe outra muito mais bonita que você.
> — E quem é essa atrevida? — perguntou ela.
> — Branca de Neve!

a) Contorne o sinal que indica que a personagem vai falar.

b) Que sinal indica a fala do personagem?

_____

c) De quem é a primeira fala? E a segunda?

_____

> No **discurso direto**, muito usado em contos, lendas e fábulas, o narrador reproduz as falas dos personagens do modo como são ditas.

257

2 Veja como esse tipo de discurso se apresenta na piada a seguir.

> Um carteiro chegou à casa de Dona Filó para deixar uma carta e viu uma placa com os dizeres "Cuidado com o papagaio!".
> — Só pode ser gozação. Quem vai ter medo de um papagaio? — o carteiro pensou.
> Então, o carteiro entrou no quintal para deixar a carta. Foi quando o papagaio gritou:
> — Pega, Rex! Pega, Rex!
>
> Domínio público.

a) Que frase determina o humor da piada? Por quê?

_____
_____
_____
_____

b) Quais frases do texto estão escritas em discurso direto?

_____
_____
_____
_____

c) Que verbo introduz a fala do papagaio?

_____
_____

d) Que sinais de pontuação são usados antes das falas dos personagens?

_____

ORTOGRAFIA

X com som de CH

Leia esta quadrinha.

> X de xícara, de xixi
> Xadrez, xavante e Xingu
> Xarope, xerife, xodó
> Mas não tem X na palavra chuchu.
>
> Darci M. Brignani. *De A a Z, de 1 a 10*. São Paulo: Companhia Editora Nacional, 2012.

Você acha que alguém poderia pensar que, como a palavra **xodó**, a palavra **chuchu** é escrita com **x**? Por quê?

ATIVIDADES

1 Complete as palavras com **xa**, **xe**, **xi**, **xo** ou **xu**. Depois, copie e leia.

li___ro – _____   ___drez – _____

abaca___ – _____   pei___ – _____

___rope – _____   fei___ – _____

amei___ – _____   ___cara – _____

en___to – _____   en___da – _____

2 Complete as palavras colocando **x** ou **ch**. Depois, copie e leia.

___ícara – _____   ___aveiro – _____

ma___ado – _____   ___ale – _____

abaca___i – _____   ___ave – _____

amei___a – _____   fe___adura – _____

___apéu – _____   mo___ila – _____

259

UM TEXTO PUXA OUTRO

Os contos de fadas inspiram poemas, quadrinhos e contos modernos. Veja, na HQ a seguir, um exemplo disso.

MAGALI — Mauricio

...E ENTÃO, JOÃO SUBIU PELO ENORME PÉ DE FEIJÃO, ATÉ CHEGAR NUM IMENSO CASTELO!

...E O PRÍNCIPE BEIJOU A BELA PRINCESA, TIRANDO-A DAQUELE SONO PROFUNDO!

...E O LOBO MAU ASSOPROU A CASINHA DE PALHA DO PRIMEIRO PORQUINHO!

...E, DEPOIS DE ADICIONAR TRÊS OVOS E AÇÚCAR, BATA BEM E LEVE AO FORNO POR QUINZE MINUTOS!

FIM

© MAURICIO DE SOUSA EDITORA LTDA.

Mauricio de Sousa. *Almanaque historinhas de uma página*, n. 9, fev. 2014, p. 33.

260

1 Quem são os personagens dessa história em quadrinhos? Escreva o nome deles.

_____

_____

• Conte aos colegas o que você sabe sobre esses personagens.

2 Responda:

a) Onde os personagens estão?

_____

b) O que estão fazendo?

_____

_____

c) Que contos de fadas aparecem nessa história em quadrinhos?

_____

_____

3 Releia a história e identifique:

a) Quem fala em cada quadro?

_____

_____

b) Qual é o sinal de pontuação utilizado para encerrar as falas?

_____

c) O que você acha que isso significa?

4 O que torna a história em quadrinhos engraçada?

_____

_____

261

PRODUÇÃO DE TEXTO

Você e seus colegas vão produzir uma continuação para um conto de fadas. Depois, farão uma apresentação para a turma e, por último, conhecerão o final original escrito pelos irmãos Grimm.

Preparação

Leia o início do conto "As três penas", recontado pelos irmãos Grimm.

As três penas

Era uma vez um rei que despachou os três filhos mundo afora, e aquele que trouxesse a linha de linho mais fina herdaria seu reino depois que ele morresse. Para que soubessem que direção seguir, ele se pôs diante do castelo e soprou três penas no ar, cujo voo os filhos deveriam seguir. Uma delas voou para o Ocidente e foi seguida pelo irmão mais velho, a outra voou para o Oriente e foi seguida pelo irmão do meio; já a terceira caiu numa pedra, não longe do palácio, e o terceiro príncipe, Tolinho, teve de ficar por ali mesmo, e os outros zombaram dele, dizendo: "Tente encontrar a linha de linho na pedra".

Tolinho sentou-se na pedra e começou a chorar e a se balançar para lá e para cá e a pedra se deslocou, revelando, embaixo dela, uma placa de mármore com uma argola de puxar. Tolinho a ergueu e deparou com uma escada, pela qual ele desceu e chegou numa caverna subterrânea, onde encontrou uma menina sentada fiando linho. Ela perguntou por que seus olhos estavam vermelhos de chorar e ele se queixou de sua sorte, contando que deveria procurar o fio mais fino de linho, mas que não poderia sair dali atrás dele. Então a menina lhe entregou sua linha, que era a mais fina do mundo, e mandou que ele a levasse para o pai. Quando Tolinho voltou, muito tempo havia se passado e seus irmãos tinham acabado de retornar, certos de terem trazido a mais fina das linhas. Quando cada um mostrou a sua, porém, ficou claro que Tolinho é que tinha a mais fina de todas as linhas e seria o herdeiro do trono. Mas os irmãos não se deram por satisfeitos e exigiram que o pai impusesse nova condição.

O rei, então, exigiu o mais belo tapete e de novo soprou três penas no ar. E novamente a terceira caiu sobre a pedra e Tolinho não pôde se afastar dali, enquanto os irmãos seguiram para o Ocidente e para o Oriente. Ele ergueu a pedra, desceu a escada e encontrou a menina... [...]

Jacob Grimm e Wilhelm Grimm. *Contos maravilhosos infantis e domésticos*. São Paulo: Cosac Naify, 2013 [1812]. p. 301. t. 1.

E agora? O que será que aconteceu? Você acha que Tolinho vai conseguir o tapete? Para auxiliar no preparo para a escrita da continuação desse conto, converse com os colegas sobre as questões a seguir. Depois, escreva as respostas.

a) Quais são os personagens desse conto de fadas?

_____

b) Qual desses personagens é o principal?

_____

c) Quais personagens se opõem ao personagem principal?

_____

d) Que provações ou obstáculos o personagem principal deve superar?

e) Quem ajuda o personagem principal a superar os obstáculos?

f) Que situação se repete ao final do trecho lido? Copie.

Planejamento e criação

Como você percebeu, o conto "As três penas" está incompleto. Sua tarefa será imaginar e escrever uma continuação para ele. Para isso, forme dupla com um colega e trabalhem juntos. Escrevam o restante do conto, de acordo com as orientações a seguir.

- Lembrando que o pai pediu o mais belo tapete para os três filhos, será que a menina ajudará Tolinho novamente? Imaginem o que poderá acontecer depois que ele descer a escada e encontrá-la.
- Ao escreverem a continuação da história, será que o rei fará uma nova exigência aos três filhos e soprará novamente as três penas?

Revisão e reescrita

Depois de concluído o trabalho, verifiquem:
- O texto está organizado em parágrafos?
- Há sinais de pontuação no final das frases?
- As palavras estão escritas corretamente?
- Vocês utilizaram vocabulário adequado e pronomes para evitar a repetição de palavras e expressões?

Troquem de caderno com outra dupla e vejam se a continuação que fizeram está coerente com o texto apresentado. Escrevam, em outra folha, um comentário para os colegas e entreguem a eles. Depois, escrevam a versão final do conto, corrigindo eventuais erros ou inadequações.

Apresentação

O professor vai organizar a leitura dos textos produzidos. Leia seu texto para a turma, dividindo a leitura com seu colega. Depois, escute a leitura das outras duplas com atenção. No final da apresentação, escute a leitura do conto original que o professor fará.

AMPLIANDO O VOCABULÁRIO

atrevida
(a-tre-**vi**-da): audaciosa, ousada.
Exemplo: – *Quem é essa atrevida? – quis saber a rainha.*

mirabolante
(mi-ra-bo-**lan**-te): surpreendente, extravagante.
Exemplo: *A rainha tinha um plano mirabolante!*

penhasco
(pe-**nhas**-co): grande rochedo escarpado.
Exemplo: *A bruxa despencou de um penhasco.*

refugiar
(re-fu-gi-**ar**): colocar-se em lugar seguro.
Exemplo: *Branca de Neve foi se refugiar na floresta.*

LEIA MAIS

A Gata Borralheira

Edgar Costa Silva (adaptação). São Paulo: Ibep Jr., 2011.

A Gata Borralheira, ou Cinderela, é um dos mais populares contos de fadas da humanidade. Com as mais diversas versões, como a de Charles Perrault e a dos Irmãos Grimm, a história continua a encantar crianças e adultos no mundo todo.

João e Maria em busca de superpoderes

Beto Junqueyra. São Paulo: Ibep Jr., 2012.

Era uma vez uma rua que terminava em uma árvore encantada, tão alta que traria superpoderes a quem alcançasse seu topo. É em busca dessa força que João e Maria, duas crianças loucas por aventuras e cheias de imaginação, conheçem as alegrias e tristezas de uma grande amizade.

ORGANIZANDO CONHECIMENTOS

1 Observe estas capas de livros.

COMPANHIA DAS LETRINHAS 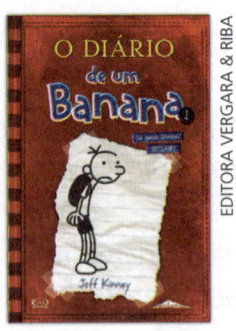 • EDITORA VERGARA & RIBA 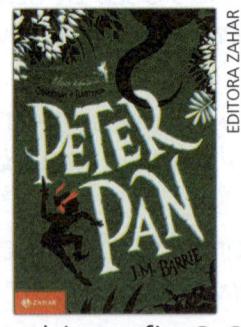 • EDITORA ZAHAR 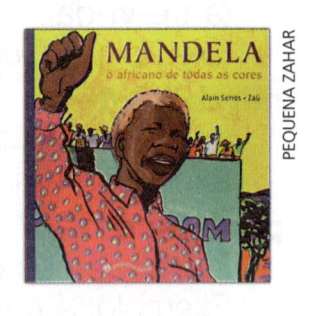 • PEQUENA ZAHAR

- Quais desses livros você acha que são biografias? Quais não são? Justifique sua resposta.

_____

_____

_____

2 Em que meios a seguir as reportagens podem ser publicadas? Assinale.

FOLHA DE SÃO PAULO 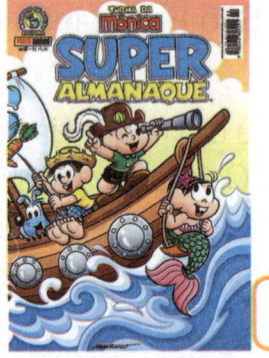 • PANINI COMICS/MAURICIO DE SOUSA EDITORA  • EDITORIA DE ARTE/SHUTTERSTOCK

SECRETARIA DE CULTURA DO GOVERNO DO ESTADO DA BAHIA  • EDITORA CARAS S/A 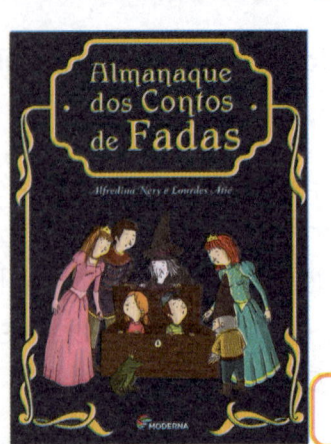 • EDITORA MODERNA

266

3 Pesquise, em jornais e revistas, palavras não acentuadas para completar os quadros.

Palavras oxítonas terminadas em U e I	Palavras paroxítonas terminadas em O e E

4 Complete as palavras com **g** ou **j** e escreva-as.

____eração – _____

in____eção – _____

a____itado – _____

pro____eto – _____

____en____iva – _____

a____eitado – _____

____eleia – _____

no____ento – _____

____e____um – _____

cora____em – _____

267

5 Leia as frases e complete-as conforme o gênero do substantivo.

O adivinhador é esperto. A adivinhadora é _____.

O homem é baixo. A mulher é _____.

A sala é escura. O corredor é _____.

O jogo é divertido. A brincadeira é _____.

Clara é estudiosa. Felipe é _____.

6 Reescreva todas as frases da atividade **5** no plural.

_____
_____
_____
_____
_____
_____
_____

7 Siga o modelo.

belo – beleza

limpo – _____ agudo – _____

claro – _____ gentil – _____

pobre – _____ nobre – _____

fraco – _____ magro – _____

triste – _____ duro – _____

sutil – _____ delicado – _____

268

8 Forme verbos usando **-izar**. Veja o exemplo.

> atual – atualizar

canal – _____   civil – _____

concreto – _____   simpatia – _____

fiscal – _____   agonia – _____

9 Reescreva o texto e coloque os sinais de pontuação onde for adequado.

> Na escola na aula de Geografia o professor pergunta ao aluno Juquinha quais são os dias mais curtos do ano
> Domingos e feriados
>
> Ziraldo. *As anedotinhas do Bichinho da Maçã*.
> São Paulo: Melhoramentos, 2006.

_____

_____

_____

_____

10 Reescreva o trecho abaixo usando o discurso direto. Use dois-pontos e travessão.

> O dia todo a rainha ficava na frente do espelho perguntando se existia no mundo mulher mais bonita do ela. O espelho, que era mágico, dizia que a rainha era a mais linda.

_____

_____

_____

_____

REFERÊNCIAS

ALANO, Diego. Cinderelo. Disponível em: https://goo.gl/nvqVdh. Acesso em: 16 ago. 2022.

Blocos *On-line*. Maria da Graça de Almeida. Disponível em: https://bit.ly/2KD1Xm7. Acesso em: 30 jul. 2022.

ANP/WWF. Twitter, 8 jun. 2018. Disponível em: https://twitter.com/wwf_portugal/status/1005116784545017857?lang=bg. Acesso em: 14 ago. 2022.

ARTISTA cria bonecas com vitiligo e celebra diversidade. *Joca*, 17 out. 2017. Disponível em: https://www.jornaljoca.com.br/artista-cria-bonecas-com-vitiligo-e-celebra-diversidade/. Acesso em: 31 ago. 2022.

BANDEIRA, Pedro. *Mais respeito, eu sou criança!* São Paulo: Moderna, 2009.

BASTOS, Larissa. Para cada ocasião especial, um sapato... *JCNET*, 15 maio 2022. Disponível em: https://www.jcnet.com.br/noticias/geral/2022/05/801664-para-cada-ocasiao-especial-um-sapato.html. Acesso em: 30 ago. 2022.

BECK, Alexandre. Armandinho. Disponível em: https://tirasarmandinho.tumblr.com/post/109426579779/tirinha-original. Acesso em: 14 ago. 2022.

_____. Armandinho. Lendas gaúchas. Disponível em: https://tirasarmandinho.tumblr.com/post/127665501039/lendas-ga%C3%BAchas-esta-semana-armandinho-em-caxias. Acesso em: 30 ago. 2022.

BLOG Saúde MG. Disponível em: https://bit.ly/2KJbd7H. Acesso em: 15 maio 2022.

BONASSI, Fernando. *Vida da gente*. Belo Horizonte: Formato, 2005.

BREITMANN, André K. *A Galinha Ruiva*: um conto popular inglês. São Paulo: Companhia Editora Nacional, 2004.

BRIGNANI, Darci M. *De A a Z, de 1 a 10*. São Paulo: Companhia Editora Nacional, 2012.

CAMPOS, Paulo Mendes *et al. Crônicas*. São Paulo: Ática, 1989. (Para gostar de ler, 1.)

CAPPARELLI, Sérgio. *111 poemas para crianças*. Porto Alegre: L&PM, 2007.

CONTA pra mim: A lenda da vitória-régia. Brasília: MEC/Sealf, 2020. Disponível em: http://alfabetizacao.mec.gov.br/images/conta-pra-mim/livros/versao_digital/vitoria_regia_versao_digital.pdf. Acesso em: 30 ago. 2022.

_____: Quadrinhas. Brasília: MEC/Sealf, 2020. Disponível em: http://alfabetizacao.mec.gov.br/images/conta-pra-mim/livros/versao_digital/quadrinhas_versao_digital.pdf. Acesso em: 29 ago. 2022.

_____: Voz dos animais. Brasília: MEC/Sealf, 2020. Disponível em: http://

alfabetizacao.mec.gov.br/images/conta-pra-mim/livros/versao_digital/quadrinhas_versao_digital.pdf. Acesso em: 29 ago. 2022.

DICIONÁRIO escolar de alfabetização: língua portuguesa. São Paulo: IBEP, 2011.

EDITORA Companhia das Letras. Catálogo. Disponível em: https://bit.ly/3ADOW2U. Acesso em: 30 ago. 2022.

EDUCLUB. 20 adivinhações de animais. Disponível em: https://www.educlub.com.br/20-adivinhacoes-de-animais/. Acesso em: 29 ago. 2022.

FALCÃO, Adriana. *Sete histórias para contar*. São Paulo: Salamandra, 2013.

FUNVERDE. Ilhas de lixo plástico nos oceanos. Disponível em: https://bit.ly/3TDcltW. Acesso em: 22 ago. 2022.

FURNARI, Eva. *O amigo da bruxinha*. São Paulo: Moderna, 2002.

GRIMM, Jacob; GRIMM, Wilhelm. *Contos maravilhosos infantis e domésticos*. São Paulo: Cosac Naify, 2013 [1812]. t. 1.

GUILHERME, Denise. Quem lê? Júlia Martins. *A Taba*, 24 maio 2016. Disponível em: https://blog.ataba.com.br/quem-le-julia-martins-ataba/. Acesso em: 30 ago. 2022.

GULLAR, Ferreira. *Um gato chamado Gatinho*. São Paulo: Moderna, 2013.

HELENA, Sarah. Os 30 melhores livros infantis 2021. Leiturinha, 6 dez. 2021. Disponível em: https://leiturinha.com.br/blog/os-30-melhores-livros-infantis-de-2021/. Acesso em: 30 ago. 2022.

HIGTON, Bernard. *Fábulas de Esopo*. 7. ed. São Paulo: Companhia das Letrinhas, 1994.

ITAÚ Cultural. Eva Furnari: biografia. Disponível em: https://goo.gl/qakqSy. Acesso em: 30 ago. 2022.

JOSÉ, Elias. *Bicho que te quero livre*. 2. ed. São Paulo: Moderna, 2002. (Coleção Girassol).

_____. *Caixa mágica de surpresa*. 20. ed. São Paulo: Paulus, 2017.

LÁPIS Mágico. O galo e a raposa. Disponível em: https://www.lapismagico.com/fabulas/o-galo-e-raposa/. Acesso em: 14 ago. 2022.

LISBOA, Henriqueta. *Poesia fora da estante*. Compilação de Vera Teixeira de Aguiar. Porto Alegre: Projeto, 2013.

LOBATO, Monteiro. *Fábulas*. São Paulo: Globo, 2008.

MAÑERU, María. *Contos da Carochinha*: um livro de histórias clássicas. Barueri, SP: Girassol, 2014.

MINI Web Educação. Disponível em: https://goo.gl/ai4JD. Acesso em: 28 ago. 2022.

MIRANDA, Sonia. *Pra boi dormir*. Rio de Janeiro: Record, 2007.

MÚSICA faz bem para a saúde. Joca, ed. 90, mar. 2017.

NOVELLO, Anderson. *O pintinho ruivo de raiva*. Curitiba: Palavras Arteiras, 2018.

O RAIO X da tartaruga. *Estadão*. Disponível em: https://infograficos.estadao.com.br/sustentabilidade/raio-x-tartaruga-cabecuda/#. Acesso em: 22 ago. 2022.

OLIVEIRA, Lourdes Sirtoli de (adap.). *O encanto das fábulas*. v. 11. Curitiba: Base Editorial, 2006.

PAMPLONA, Rosane. *Era uma vez... três! Histórias de enrolar*. São Paulo: Moderna, 2013.

PIMENTEL, Carlos. *Jardim Zoilógico*. 8. ed. Belo Horizonte: Formato, 2006.

POEMAS com Sol e sons. São Paulo: Melhoramentos, 2011.

PRATIQUE os três Rs. Disponível em: http://www.oocities.org/br/lixoreciclavel/rs.htm. Acesso em: 13 ago. 2022.

PRINCÍPIOS de uma boa alimentação. *Só Nutrição*, s.d. Disponível em: www.sonutricao.com.br/conteudo/alimentacao/. Acesso em: 30 ago. 2022.

RIBEIRO, Jonas. *Poesias de dar água na boca*. São Paulo: Ave-Maria, 2010.

SÃO PEDRO, Vinicius. Parque Nacional de Itatiaia. *Ciência Hoje das Crianças*, 17 dez. 2017. Disponível em: http://chc.org.br/coluna/parque-nacional-de-itatiaia/. Acesso em: 30 ago. 2022.

SARAIVA, Kandy S. Almeida; OLIVEIRA, Rogério Carlos G. *Saraiva Júnior*: dicionário da língua portuguesa ilustrado. 3. ed. São Paulo: Saraiva, 2009.

SOUSA, Mauricio de. *Almanaque historinhas de uma página*, n. 9, fev. 2014.

_____. Turma da Mônica. *O Estado de S. Paulo*. São Paulo, 20 jun. 2012.

TARTARUGA-CABEÇUDA. *National Geographic Brasil*, 21 abr. 2020. Disponível em: https://www.nationalgeographicbrasil.com/animais/repteis/tartaruga-cabecuda. Acesso em: 29 ago. 2022.

TÔRRES, Lorena Lucena. Você já ouviu falar sobre o Projeto Mares Limpos? Disponível em: https://lucenatorres.jusbrasil.com.br/artigos/702936739/ja-ouviu-falarsobre-o-projeto-mares-limpos. Acesso em: 14 ago. 2022.

ZIRALDO. *As anedotinhas do Bichinho da Maçã*. São Paulo: Melhoramentos, 2006.

_____. *As melhores tiradas do Menino Maluquinho*. São Paulo: Melhoramentos, 2000.

_____. *Curta O Menino Maluquinho: em histórias rapidinhas*. São Paulo: Globo, 2006.

_____. *O Menino Maluquinho*. São Paulo: Melhoramentos, 1990.

Coleção

Eu gosto m@is

ALMANAQUE

Ciranda de leitura

Infância

Aninha
pula amarelinha
Henrique
brinca de pique
Marília
de mãe e filha
Marcelo
é o rei do castelo
Mariazinha
sua rainha
Carola
brinca de bola
Renato
de gato e rato
João
de polícia e ladrão
Joaquim
anda de patins
Tieta
de bicicleta
e Janete
de patinete.
Lucinha!
Eu estou sozinha.
Você quer brincar comigo?

Sonia Miranda. *Pra boi dormir*.
Rio de Janeiro: Record, 2007.

O menino e a pipa

A pipa que
o menino maluquinho soltava
era a mais maluca de todas
rabeava lá no céu
rodopiava adoidado
caía de ponta-cabeça
dava tranco e cabeçada
e sua linha cortava
mais que o afiado cerol.
E a pipa
quem fazia
era mesmo o menininho
pois ele havia aprendido
a amarrar linha e taquara
a colar papel de seda
e a fazer com polvilho
o grude para colar
a pipa triangular
como o papai
lhe ensinara
do jeito que havia
aprendido
com o pai
e o pai do pai
do papai.

Ziraldo. *O menino maluquinho*.
São Paulo: Melhoramentos, 1990.

AMPLIANDO O VOCABULÁRIO

afiado: cortante, que corta com facilidade.

cerol: mistura de cola e vidro moído que se passa no fio de uma pipa para cortar o fio de outra pipa.

grude: cola.

polvilho: farinha muito fina feita de mandioca.

rabeava: fazia movimentos em zigue-zague.

taquara: bambu.

ALMANAQUE

Rimas malucas

Cada Macaco,
com o seu caco.

Cada Galinha,
com a sua linha.

Cada Marreco,
com o seu eco.

Cada Elefante,
com o seu turbante.

Cada Leão,
com o seu jubão.

Cada Vaca,
com a sua jaca.

Cada Coelho,
com o seu espelho.

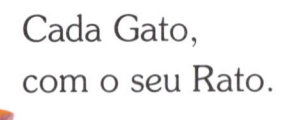

Cada Gato,
com o seu Rato.

Cada Pato,
com o seu prato.

Cada Peru,
com o seu glu-glu.

Cada Tucano,
com o seu cano.

Elias José. *Bicho que te quero livre*. Ilustrações de Ana Raquel. 2. ed. São Paulo: Moderna, 2002. p. 15-16. (Coleção Girassol).

canção para ninar gato com insônia

zz
zzz   zzz
ron ron ron ron ron ron
ron ron ron ron ron
ron ron ron
ron ron ron
ron ron ron ron ron
ron ron ron ron ron ron ron ron
ron ron ron ron
ron ron
ron ron
ron ron
ron ron
ron ron
ron ron
ron ron
ron ron ron ron ron ron ron ron ron

Sérgio Capparelli. *111 poemas para crianças*. Porto Alegre: L&PM, 2003. p. 119.

Cachinhos Dourados

No meio do bosque, vivia uma família de ursos: Papai Urso, Mamãe Ursa e o pequeno Ursinho. Um dia, Mamãe Urso preparou uma deliciosa sopa, mas, como estava muito quente, foram dar um passeio enquanto ela esfriava.

Como os ursos tinham saído, passou por ali uma menina de cabelo loiro e cacheado que todos chamavam de Cachinhos Dourados. Ela encontrou a porta aberta e entrou na casa.

Primeiro, a menina pegou uma colherada da sopa do prato grande do Papai Urso, mas estava tão quente que o largou ali. Logo depois, experimentou a do prato médio da Mamãe Ursa, mas também estava quente. Por último, provou a sopa do prato do pequeno Ursinho. Estava tão boa que ela não deixou uma gota.

Depois de comer, sentou-se na cadeira grande do Papai Urso, mas era muito dura; passou para a cadeira média da Mamãe Ursa, mas também não gostou. Quando se sentou na pequena, adorou e começou a balançar com tanta força que a quebrou.

Então, ela foi até o quarto. Deitou-se na cama grande, mas era muito incômoda; deitou-se na cama média, mas também não era boa. Já a cama pequena era tão confortável que a menina acabou dormindo.

Algum tempo depois, os ursos voltaram.

– Quem provou da minha sopa? – gritaram, zangados.

– Quem quebrou a minha cadeira? – chorou o Ursinho.

Os três foram até o quarto e viram Cachinhos Dourados dormindo, mas ela era tão bonita que ficaram admirando-a, sem fazer nada, apesar da raiva. Contudo, quando Cachinhos Dourados acordou, ficou com tanto medo por estar cercada de ursos terríveis que saiu correndo, apavorada, e não parou até chegar a sua casa.

Crianças desobedientes, que pegam o que não lhes pertence, podem se meter em confusão.

María Mañeru. *Contos da Carochinha*: um livro de histórias clássicas. Barueri, SP: Girassol, 2014. p. 48-49.

Borboleta

Borboleta
A borboleta, bem colorida,
É como um retrato
Da própria vida.

Tem borboleta
Toda amarela
Como um dia
De primavera.

Tem borboleta
Toda branquinha
Como um bumbum
De criancinha.

Tem borboleta toda pretinha,
Tem borboleta toda vermelha,
Tem borboleta da cor da terra,
Tem borboleta da cor da telha.

Se alguma borboleta
Nos seus cabelos pousar,
É porque você é flor
Que ela gosta de beijar...

E agora me diga
E não faça careta:
– Será que é gostoso
Ser borboleta?

Carlos Pimentel. *Jardim Zoilógico*. 8. ed. Belo Horizonte: Formato, 2006. p. 8.

Oficina de texto 1
Texto poético

Leia o poema a seguir.

Lápis coloridos

Perfilados, apontados,
estão todos bem guardados
numa caixa tão bonita,
desenhada e com fitas!

São eretos, são brilhantes
coloridos, elegantes!
Têm o corpo de madeira,
têm a cor na cabeleira!

O azul colore o céu,
o verdinho aviva as folhas.
Pra pintar um bom painel,
o tom fica a sua escolha!

Tenho um sol brilhante e belo
com o lápis amarelo!
Lápis preto escurece
e o desenho entristece!

Com o branco passo apuros,
mas, às vezes, nele aposto,
sua cor, em fundo escuro
quando vejo, sempre gosto!

Blocos *On-line*. Maria da Graça de Almeida. Disponível em: https://bit.ly/2KD1Xm7. Acesso em: 30 jul. 2022.

Nesse poema, a autora descreve os lápis coloridos.

Você observou que há semelhanças nos sons finais de duas ou mais palavras?

Trata-se da rima. A rima é usada na composição de um poema. Ela é importante porque dá sonoridade (musicalidade) e pode descrever sensações.

Agora, componha um poema sobre algum objeto que você tenha.

Importante!
- Descreva o objeto escolhido de maneira clara.
- Use sua criatividade na escolha das palavras.
- Verifique se há semelhanças entre os sons.

(título)

Oficina de texto 2
Normas de comportamento

Alguém já lhe pediu que "tivesse modos"? O que isso quer dizer?

> **Ter modos** significa saber conviver de forma educada com todas as pessoas e em qualquer situação. Por isso, precisamos aprender a respeitar algumas regras, que nada mais são do que as boas maneiras e os bons modos.
>
> Elas são importantes para termos um bom comportamento em casa, na escola, à mesa de refeições, nas ruas, nos parques etc. Por exemplo, dizer as palavras mágicas por favor, obrigado, obrigada, com licença, desculpe-me e escovar os dentes após as refeições mostram que você tem bons modos.

Agora que você sabe o que é ter bons hábitos e boas maneiras, faça um guia, na página seguinte, escrevendo como as pessoas devem se relacionar nas seguintes situações:

- na escola;
- em casa;
- na rua;
- no telefone;
- na hora da refeição.

(título)

ALMANAQUE

Oficina de texto 3
História em quadrinhos

Leia a história em quadrinhos. Observe que nos quadrinhos há imagens e balões de fala e de pensamento que, dispostos em ordem, contam uma história.

OS ANJINHOS

... E ESTE PORQUINHO FOI AO MERCADO.

GOSTEI DA ESTÓRIA MAS ESTOU CONFUSO.

OS PORCOS VIVEM EM FAZENDAS OU NOS MEUS PÉS.

ROBERTS/BEMBERT-NICKELODEON

Agora é sua vez!

Veja as imagens dos quadrinhos abaixo e conte uma história preenchendo os balões de fala.

OS ANJINHOS

ROBERTS/BEMBERT-NICKELODEON

Oficina de texto 4
Biografia/Autobiografia

A **biografia** é um texto que conta a história da vida de uma pessoa. Trata, na maioria das vezes, de pessoas públicas, como esportistas, artistas, políticos, escritores ou pessoas que contribuíram com a sociedade.
Autobiografia é o texto em que a pessoa conta a própria vida.

Faça uma autobiografia. Se precisar, releia a biografia de Eva Furnari, na página 196. Escreva seu nome, data e local de nascimento, nome do pai e da mãe, o que faz, onde mora e estuda, atividades favoritas, fatos pessoais interessantes e outras informações para a composição de uma autobiografia. Se puder, acrescente uma foto 3 × 4 ou faça um desenho de você mesmo.

Oficina de texto 5
Narrativa

Narrar é contar uma história com personagens, conflitos, cenários e cenas. Os conflitos surgem quando as personagens se desentendem, brigam por terem diferentes opiniões, ideias etc.

Agora é sua vez!

Imagine um fato e narre-o como se ele houvesse ocorrido, observando as seguintes cenas. Invente um final para a história que você vai contar.

Você poderá dar nomes às personagens e indicar onde a história aconteceu.

Adesivos para colar onde quiser

ADESIVOS

Parte integrante da Coleção Eu gosto m@is – Língua portuguesa 3º ano – IBEP.

289

Adesivos para colar onde quiser

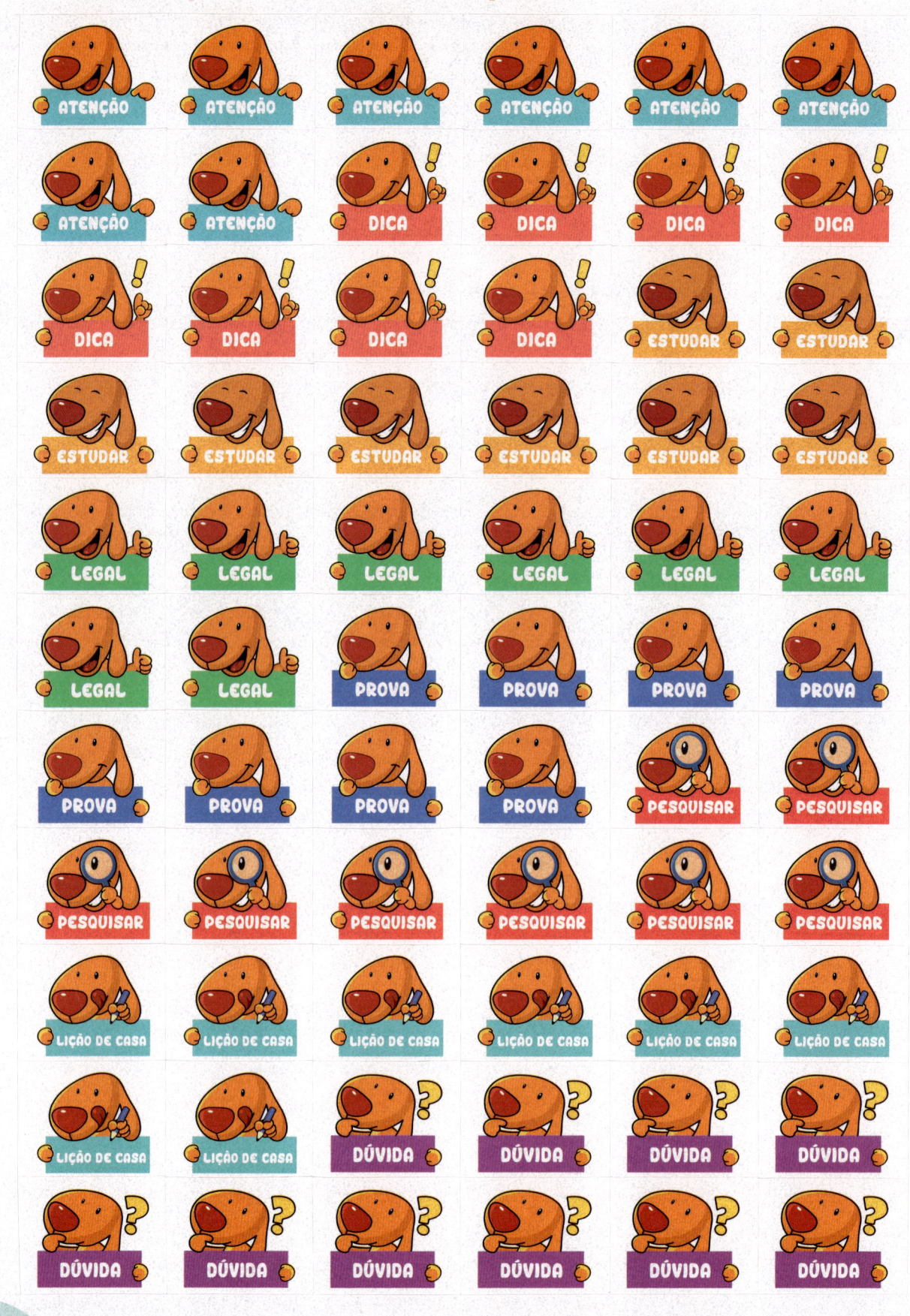

292

Parte integrante da Coleção Eu gosto m@is – Língua portuguesa 3º ano – IBEP.